AF542038

SCHAMYL

LE

PROPHÈTE DU CAUCASE

PAR

LE MAJOR WARNER

VISITE A LA RÉSIDENCE
DE SCHAMYL
ENTRETIENS AVEC SCHAMYL
SA BIOGRAPHIE

PARIS
LIBRAIRIE NOUVELLE
BOULEVARD DES ITALIENS, 15, VIS-A-VIS DE LA MAISON DORÉE

1854

PARIS. — TYP. SIMON RAÇON ET COMP., RUE D'ERFURTH, 1.

SCHAMYL

LE PROPHÈTE DU CAUCASE

PAR

LE MAJOR WARNER

PARIS
LIBRAIRIE NOUVELLE
BOULEVARD DES ITALIENS, 15, EN FACE LA MAISON DORÉE.

1854

SCHAMYL

LE PROPHÈTE DU CAUCASE

I

Les prédécesseurs de Schamyl.

Les prophètes n'ont jamais manqué parmi les tribus du Caucase, dont l'esprit est naturellement porté vers le mysticisme. Le sentiment religieux est chez elles encore plus vivace, si cela est possible, que le sentiment de l'indépendance; car il trouve un aliment continuel, d'une part, dans la majesté sauvage de leurs montagnes qui prédispose l'âme à s'élever vers la Divinité; d'autre part, dans les doctrines har-

1.

dies qui sont professées par les prêtres dans les écoles théologiques de la contrée; car ces tribus que nous appelons barbares ont des écoles de théologie! Un de leurs plus célèbres prophètes fut le derviche Mohamed, connu sous le nom de Manzour-Bey, originaire des steppes du gouvernement d'Orenbourg, homme savant et d'une tempérance exemplaire, qui prêcha dans les montagnes la doctrine du Coran. Tombé au pouvoir des Russes à la prise d'Anapa, il fut envoyé dans le couvent de Solowetsk sur les côtes de la mer Noire, où il mourut ignoré.

Mais, au commencement de ce siècle, la foi se relâchait dans les cœurs. On pratiquait bien encore les cérémonies extérieures de l'islamisme; mais cette religion, qui jadis avait enfanté des héros, n'avait plus même le pouvoir de réveiller des âmes endormies dans la mollesse et gâtées par le repos. En outre, la discorde s'était glissée entre les différentes tribus, et dans l'intérieur des tribus entre les familles. La Russie avait alors dans le Caucase un général expérimenté, Yermoloff, qui à ses talents militaires joignait l'esprit souple et rusé d'un diplomate. Il sut tirer parti de cette indifférence religieuse et de ces dissensions intestines; il opposa les tribus les unes aux autres, s'attacha celles-ci par la reconnaissance, celles-là par la crainte, et pratiqua la politique qui consiste à diviser pour régner. Par sa taille élevée, par son air chevaleresque, Yermoloff, qui aurait pu passer pour un chef de Tcherkesses, imposait aux indigènes ; dans le Caucase, on lui avait donné le surnom de *Diable russe*, tant il inspirait d'effroi.

Mais tous les Caucasiens ne se laissèrent point abattre par le succès de ses armes. Kasi-Mollah, successeur de Manzour-Bey, résolut de détruire l'œuvre de Yermoloff, et, à cet effet, il suivit une politique diamétralement opposée. Les Russes avaient profité de la religion pour diviser ; il établit une secte nouvelle, dont tous les membres étaient unis étroitement. Les Russes avaient favorisé les haines héréditaires entre les familles ; il leur prêcha la concorde, leur démontrant que ces luttes intestines ne servaient qu'à consolider la domination russe ; car les centaines de guerriers qui, chaque année, périssaient dans les duels, c'étaient autant de bras enlevés à la défense du pays. La doctrine dont

Kasi-Mollah se fit l'apôtre tenait le milieu entre l'islamisme et le *Sufisme*. Cette dernière religion, venue de la Perse, mais dont l'Inde est vraisemblablement le berceau, avait déjà des sectateurs dans le Daghestan. Le sufisme n'est pas, à proprement parler, une religion; c'est un état de l'âme, absorbée dans la contemplation de l'Être suprême, et qui finit par tomber dans une extase, le *h'âl*, où le monde des sens disparaît complétement, et l'homme peut alors s'entretenir en toute liberté avec Dieu. On le voit, cette doctrine est toute passive, et, loin d'inspirer de l'énergie, elle ne peut qu'énerver et relâcher les âmes qu'elle entretient dans une espèce de rêverie mystique, contraire au principe actif de la nature humaine. Aussi, dans la doctrine de Kasi-Mollah, tous les hommes ne jouissent pas du privilége de s'entretenir avec Dieu; cette faculté n'est réservée qu'à un seul, au chef de la secte, au *Murschide*. Les paroles du murschide sont les paroles de Dieu; ses ordres, les ordres de Dieu. Au-dessous de lui viennent les *Murides*, et enfin, au dernier échelon, le commun du peuple.

Les murides sont des instruments doués d'intelligence ; le peuple n'est qu'un instrument passif. Il agit comme on lui ordonne d'agir, et c'est au moyen des murides que le chef lui communique sa volonté, ou, pour mieux dire, la volonté divine. Les murides forment la garde d'honneur du prophète ; voués à la défense du représentant de Mahomet, ils sont pour lui ce que les *Assassins* furent autrefois pour le Vieux-de-la-Montagne.

C'est dans le Daghestan, province située sur les bords de la mer Caspienne, que Kasi-Mollah fit ses premiers prosélytes. On tint des conciliabules secrets ; on jura de chasser du pays et d'exterminer les Russes, et enfin, en 1830, on leur déclara ouvertement la guerre. Kasi-Mollah vint mettre le siége devant la ville de Tarkou, défendue par une redoutable forteresse. Il faut noter, en passant, qu'il ne prenait jamais part au combat ; il se contentait de prier et d'animer les siens. Les assiégés se défendirent bravement dans leur forteresse ; ils avaient déjà mis le feu à la poudrière envahie par l'ennemi, et fait sauter en l'air des centaines de Tchétchens ; mais, épuisés par les privations, ils parlaient de se rendre, quand un Tartare s'offrit à aller chercher du secours. Feignant de déserter, il saute par-dessus les murailles ; on tire après lui, il riposte et s'enfuit vers le camp ennemi. A quelques jours de là, le général Kachanoff, qui avait reçu dans un canon de fusil un billet contenant avis du danger qui menaçait la place, arrivait avec ses troupes et délivrait Tarkou.

Kasi-Mollah livra beaucoup d'autres combats aux Russes, dont le plus glorieux fut celui d'Himri, en octobre 1832. Il s'était jeté avec ses murides dans cette forteresse, perchée comme un nid d'aigle sur le haut des montagnes. Le général Rosen s'avança pour les en déloger. On croyait qu'il ne pourrait s'emparer du défilé que domine le fort ; car les Caucasiens le regardaient comme imprenable, excepté en temps de pluie. Le siége dura plusieurs jours ; l'artillerie faisait d'effroyables ravages dans les rangs des montagnards, et il ne restait plus autour de Kasi-Mollah qu'une centaine de murides, lorsque, le 18, dès la pointe du jour, les volontaires du régiment des sapeurs emportèrent à la baïonnette la dernière redoute. Les Russes firent leur entrée dans les ruines fumantes d'Himri ; mais là, les soixante murides qui survivaient, sortant du milieu des décombres, leur livrèrent un nouveau combat qui dura quatre ou cinq heures. On distinguait au premier rang un muride plus fanatique que tous les autres, acharné contre les Russes ; on voulut s'emparer de sa personne, mais quoique blessé dangereusement, il s'échappa comme par miracle. Nous le retrouverons dans la suite. En fouillant parmi les monceaux de cadavres, les Russes aperçurent celui de Kasi-Mollah, percé de plusieurs balles, dans une posture qui fit reculer les soldats les plus aguerris. De la main gauche, il tenait sa longue et belle barbe, tandis que sa main droite était levée vers le ciel. Son visage était empreint du calme le plus parfait, comme s'il avait fini au milieu d'un beau rêve. En effet, voyant que tout était perdu, il s'était jeté à genoux, en prières, étendant sa main vers l'Orient, et c'est ainsi que le coup mortel l'avait frappé.

Ce fut Hamsad-Bey, qui recueillit l'héritage de Kasi-Mollah. Après leur victoire d'Himri, les Russes avaient promené dans les *aouls* [1] le cadavre du prophète ; mais ce spectacle, loin d'effrayer les populations indigènes, leur avait donné une nouvelle énergie et inspiré une haine encore plus vive pour la domination du czar.

Hamsad-Bey n'avait point l'énergie de son prédécesseur ; c'était un homme d'un esprit fourbe et astucieux. Il sut entraîner dans son parti des soldats russes, voire même des officiers, dont le nombre s'accrut tellement, qu'il en forma un corps spécial, attaché à la garde de sa personne. Ces transfuges lui rendirent d'éminents services : ils lui apprirent l'art de fortifier les places, et disciplinèrent ses troupes. Les soldats de l'armée russe ont à subir tant de mauvais traitements, qu'ils désertent volontiers ; mais le nombre de ces transfuges n'est pourtant pas aussi considérable qu'on l'a prétendu. D'ailleurs les habitants du Caucase les regardent d'un mauvais œil, même quand ils se convertissent à leur religion. Quelques déserteurs ont échappé pourtant à ce dédain ; parmi les officiers, nous citerons Branowski, qui plus tard fut repris par les Russes et transporté en Sibérie, et parmi les simples soldats, l'artilleur Kussnetsoff. Après une vive altercation avec son général, Kussnetsoff passa dans les rangs de Schamyl. Il garda toujours une haine irréconciliable pour ses compatriotes ; mais il en voulait moins aux soldats qu'aux nobles et aux officiers. C'était un beau jour pour lui quand on en faisait prisonniers quelques-uns ; une fois il intercepta des provisions que les Russes envoyaient à une vingtaine des leurs tombés entre les mains de l'ennemi ; dans un tonneau de miel, on trouva une lettre avec un plan de fuite ; aussitôt il court chez Schamyl, obtient la remise des captifs, tous officiers d'une haute naissance. Quelques moments après, vingt cadavres se balançaient à la potence ! — Un autre transfuge, Atatschikoff, ne se montra pas aussi cruel envers les Russes; car, ayant surpris sur le grand chemin un aide-de camp du général Neidhart, Gleboff, il lui rendit la liberté moyennant une forte rançon.

Escorté de sa garde russe (ce qui devait produire un singulier effet parmi les habitants des *aouls*), Hamsad-Bey parcourut le pays des Avares, prêchant en tous lieux la révolte. Il vint enfin établir son camp aux portes de Chunsach, la capitale, et envoya des députés au jeune prince d'Avarie, Abu-Nunzal, pour recevoir sa soumission. Le khan les renvoya, mais Abu-Nunzal était gouverné par sa mère, qui, comprenant l'inutilité de la résistance, jugea prudent de traiter avec l'ennemi. En conséquence, son plus jeune fils, Omar, se dirigea vers le camp d'Hamsad-Bey, avec des propositions de paix. Deux jours s'écoulèrent; mais, comme on ne recevait aucune nouvelle du jeune homme, Abu-Nunzal partit avec huit *nuker* ou domestiques à cheval, pour savoir ce qu'était devenu son frère.

Hamsad-Bey le reçut avec tous les témoignages d'un profond respect, l'introduisit dans sa tente; mais au moment où le jeune khan y mettait le pied, une grêle de balles l'étendit par terre, lui et ses compagnons. Omar accourt à ce bruit sans se douter que c'est à la vie de son frère qu'on en veut; un parent d'Hamsad le tue d'un coup de pistolet, et il tombe lui-même frappé mortellement. Abu-Nunzal, qui n'avait que de légères blessures, se précipite hors de la tente; mais un des murides, qui l'attend sur le seuil, lui applique un violent coup de sabre au visage. Malgré le sang qui jaillit et l'aveugle, le jeune guerrier s'élance, le *schachska*[1] à la main, sur

[1] Sabre recourbé des Tcherkesses, qui est d'une trempe

ses ennemis, et, frappant à droite et à gauche, porte le carnage dans leurs rangs; quarante combattants gisent à ses pieds. Les murides reculaient déjà, quand un des leurs, — le même que nous avons vu se distinguer au siége d'Himri, à côté de Kasi-Mollah, — accourt : « Lâches! leur crie-t-il, vous voulez combattre l'armée innombrable des Russes, et vous fuyez devant un enfant! » A ces mots, les balles sifflent, et le valeureux khan tombe pour ne plus se relever.

Chunsach se soumit au vainqueur, et tout le pays ne tarda pas à suivre l'exemple de la capitale.

Mais le drame sanglant que nous venons d'esquisser, — drame qui peint au naturel les mœurs des farouches tribus du Caucase, — n'é-

excellente. Un seul coup de cette arme casse en deux les canons de mousquet les plus solidement fabriqués. Le Tcherkesse n'a d'autre richesse que ses armes; aussi les transmet-il comme un héritage précieux à sa postérité. C'est dans le Caucase que l'on voit les sabres les plus riches, les poignards, les plus rares des lances provenant du temps des croisades, des pistolets italiens avec des inscriptions latines, rappelant les noms de l'armurier et des premiers propriétaires.

tait pas encore terminé. Le meurtre d'Abu-Nunzal ne suffisant point à Hamsad-Bey, il fait égorger sa vieille mère et force la jeune femme du khan, la belle Hélène, à être sa concubine.

Le lendemain, Surchaï, au fond allié des Russes, accourt pour demander la succession d'Abu-Nunzal. Hamsad-Bey a deviné les motifs de sa visite ; il lui montre un visage souriant :

« Voudrais-tu devenir khan des Avares ?

— Si le prophète me juge digne de ce poste, je l'accepterai volontiers, et je serai son très-humble esclave, répond le chef en s'inclinant profondément.

— Tu veux donc être à la fois prince et esclave, la plus haute et la plus humble condition ? Comment arranger cela ?..... As-tu vu hier de quelle façon j'ai traité les gens de ta tribu ?

— Oui, je l'ai vu ; et j'ai trouvé que tu avais bien fait ; car c'étaient tes ennemis.

— Mes ennemis ou non, reprend le murschide en fureur, que t'importe ? C'étaient tes frères, et s'il y avait eu en toi la moindre étincelle d'honneur et de courage, tu aurais dû les défendre contre leurs meurtriers ! Et c'est un misérable, un lâche tel que toi, qui demande à servir sous mes drapeaux, à devenir khan des Avares! »

Aussitôt il appelle ses gardes et lui fait trancher la tête.

Cependant Hamsad-Bey vivait tranquille, sans que sa conscience fût agitée d'aucun remords. Il ne se doutait pas qu'un rejeton de cette famille princière qu'il avait dépossédée vivait encore, et que les poignards s'aiguisaient dans l'ombre pour venger Abu-Nunzal, ainsi que son frère, sa femme et sa mère.

Un soir que les deux frères Osman et Hadschi-Murad, soldats dévoués d'Hamsad-Bey, assis au coin du feu, près de leur père, s'entretenaient des expéditions passées et se contaient leurs exploits, le vieillard les interrompit :

« Sultan Achmed était le plus noble des princes qui ont gouverné ce pays. Il me confia son fils Omar pour l'élever. Cet enfant grandit avec vous, fut traité comme vous, devint votre frère. Ne savez-vous pas qu'Hamsad-Bey, dont vous êtes les partisans, est celui qui a fait assassiner Omar-Khan? Et vous, ses frères, vous ne rougissez pas de vanter des exploits accomplis au service de son meurtrier! Je suis vieux et faible; mon bras ne peut plus tenir le *kin-*

shal (*poignard*); mais avant deux jours, ce bras aura tiré vengeance d'Hamsad-Bey! »

Les jeunes gens s'écrient que cette affaire les regarde, et jurent de punir le prophète.

Le lendemain, au premier chant de l'oiseau, le vieillard leur présente une cotte de mailles qu'il portait jadis dans les combats. Murad, le plus jeune des deux, veut qu'Osman la prenne pour lui; Osman la jette sur les épaules de son frère : « Elle est à toi, dit-il, je suis ton aîné de deux ans; si quelqu'un doit périr, il est plus juste que le sort me frappe! » Et, ce disant, ils cachent sous leur manteau de feutre des pistolets et des poignards, et se rendent à la mosquée, où le peuple accourait en foule, appelé par la voix du muezzin.

La mosquée de Chunsach ne ressemble guère aux édifices du même genre dans le Daghestan, au moins quant à l'intérieur. C'est un bâtiment carré, étroit et massif, surmonté d'un toit plat et orné dans toute sa longueur de deux rangées de colonnes, formant des arcades; mais ces arcades sont si hautes et si pressées, qu'elles divisent pour ainsi dire la mosquée en deux galeries, où le jour a bien de la peine à pénétrer.

L'iman arriva enfin, accompagné d'une troupe de murides, nombreuse et bien armée. L'un d'eux se faisait remarquer, entre tous, par la noblesse de ses traits et la majesté de sa personne, il marchait aux côtés du prophète, c'était le brave défenseur d'Himri, favori et conseiller d'Hamsad-Bey, comme il l'avait été de Kasi-Mollah. Des gardes se pressaient autour de l'iman, les uns tenant le sabre nu, les autres des armes chargées. Il entre dans la mosquée; mais au même instant, deux coups de pistolet retentissent, il est tué sur le coup. Un silence pareil au calme qui précède l'orage, succède à ce bruit. Mais aussitôt les murides se précipitent sur les assassins. Osman est percé de plusieurs balles. Murad, que sa cuirasse protége, lutte contre les assaillants.

« Hommes de Chunsach, s'écrie-t-il, Hamsad, votre tyran, n'est plus! A moi! aidez-moi à vaincre ses odieux complices les murides. »

Tout le peuple crie : « A bas les murides! » Et la mosquée devient le théâtre d'une lutte, rendue encore plus affreuse par l'obscurité qui enveloppe les combattants. Les poignards brillent à travers la fumée de la poudre, comme les éclairs à travers les nuages ; le pavé de marbre du lieu saint disparaît sous des flots de sang. Les murides se défendent comme des lions ; mais ils sont forcés de céder au nombre et à la fureur des combattants. Trente seulement parviennent à s'échapper, se jettent dans la forteresse de Chunsach, s'y barricadent, et la lutte recommence. Hadschi-Murad les assiége, mais vainement ; alors il ordonne de mettre le feu au château fort, et ceux que le fer n'avait pu vaincre périssent par les flammes. Un seul pourtant sortit sain et sauf de cette fournaise : c'était ce muride dont nous avons eu occasion de parler bien des fois. Évidemment Allah le protégeait et le destinait à de grandes choses ; aussi le peuple, frappé de sa bravoure, convaincu de sa mission divine, le nomma son chef à l'unanimité.

Ce chef était Schamyl !

Pendant ce temps, Hadschi-Murad retournait seul auprès de son vieux père. En le voyant, ce dernier se jette à son cou :

« Je te remercie, mon fils, ton action vient de me rajeunir. Le meurtrier d'Omar a péri de ta main ; une nouvelle forteresse sera élevée à

Chunsach, et le rejeton de nos vieux sultans remontera sur le trône d'Avarie ! Je ne déplore point la perte de mon fils Osman: il est mort en héros, pour l'indépendance de sa patrie, face à face avec ses ennemis, comme il convient aux peuples du Daghestan ! »

De son côté, Schamyl envoyait chercher par ses murides l'un des habitants de Chunsach, et tandis que celui-ci paraissait devant le prophète, des assassins pénétraient dans sa cabane, enlevaient son fils, ou plutôt son fils adoptif, qui n'était autre que ce rejeton des khans d'Avarie, échappé au massacre dont le lecteur se souvient, lui tranchaient la tête, et jetaient son cadavre dans le Koï-Sou. On dit que le pauvre enfant, à la vue des sabres qui étincelaient au-dessus de sa tête, tomba aux pieds des émissaires de Schamyl, et leur dit avec un accent plaintif :

« Vous avez tué ma mère, vous avez tué mes frères, vous avez anéanti toute ma famille ; au moins laissez-moi en vie ! je suis encore si petit, et j'ai un oncle qui vous récompensera richement ! »

Avec Hamsad-Bey finit la deuxième période

des guerres religieuses du Daghestan. Kasi-Mollah avait clos la première. Quant à la troisième, plus brillante que les deux autres, à cause de l'importance de l'acteur qui est en jeu, elle dure encore.

II

Schamyl. — Sa biographie.

Schamyl est né en 1797 à Himri. Dès son enfance, il montra un caractère énergique, un esprit grave et avide de connaissances, et beaucoup de penchant pour la solitude. D'une santé faible, il fortifia son corps par de violents exercices. Dschlelal-Eddin, pour qui Schamyl a toujours conservé un tendre attachement, lui expliquait le Coran, lui racontait les exploits de Mahomet, et tâchait de l'enflammer d'une ardeur guerrière. Lui seul avait su gagner la confiance de Schamyl, et encore l'élève ne confiait pas toujours à son maître ce qui lui arrivait. Ainsi, un soir que l'enfant revenait d'une de ses promenades favorites aux rochers sauvages des environs d'Himri, où l'on voit, la nuit, surgir de terre des flammes produites par les sources de naphte dont le pays abonde, il fut attaqué par deux de ses camarades qui avaient à se plaindre de son caractère hautain. Dangereusement blessé à la tête, et surtout au bas-ventre, il se traîne chez lui, panse, comme il peut, ses blessures, et reste au lit plusieurs semaines, sans raconter à personne son aventure. Il n'aurait pu se résoudre à confesser qu'il avait été vaincu.

Ce trait de fermeté spartiate nous en rappelle un autre à peu près semblable. Le père du *vladika* ou prince qui gouverne actuellement les Monténégrins, ce peuple de montagnards qui défend contre les Turcs son indépendance, avec autant de bravoure que les Caucasiens défendent leur liberté contre les Russes, Pierre Niegush, étant encore enfant, s'amusait un jour avec son frère à charger des pistolets. Voulant les décharger sans perdre le plomb, il conseille à son frère de tirer l'arme dans un coin de son vêtement à lui qu'il tiendra tendu à quelque distance, ce que l'autre exécute, mais de telle façon que la décharge à peu près entière entre dans le ventre du premier et lui déchire les entrailles. On pourrait croire qu'il poussa des cris ; nullement. Le chirurgien de la tribu, qui se trouvait près de là, pratique aussitôt sur lui l'opération césarienne ; il lui applique sur chaque trou de plomb une fourmi ou *spar* (grosse fourmi vorace très-commune au Monténégro, dont le train de devant est rouge et le train de derrière noir). L'animal bouche le trou en en étreignant les lèvres avec ses pinces, et le chirurgien lui coupe alors la tête, dont les pinces restent closes. L'homme de l'art ferme aussitôt la blessure sans que le jeune montagnard ait proféré une plainte ; et jamais personne, sauf le chirurgien et son frère, ne sut ce qui lui était arrivé.

Schamyl est de taille moyenne, ses yeux sont gris, ses cheveux roux ; il se distingue de ses compatriotes par la finesse et la blancheur de sa peau. Il garde, au milieu du plus grand danger, un calme impassible ; dans la vie ordinaire, jamais d'emportement, même en présence de ses plus cruels ennemis. Il mange peu, ne boit que de l'eau. Quelques heures de sommeil lui suffisent ; ses loisirs sont consacrés à la lecture et à la prière. Il a, dit Bersek-Bey, poëte du Daghestan :

« Des éclairs dans les yeux et des fleurs sur les lèvres. »

En effet, il possède cette éloquence vive et abondante, naturelle aux peuples orientaux. Rien de plus curieux, on l'a répété cent fois, que les proclamations des généraux russes à cause de leur emphase. Ce n'est pas assez, pour eux, de dire que leur maître est un puissant empereur, chef d'armées innombrables; ils s'écrient que « le czar a dans ses arsenaux assez de poudre pour faire sauter tous les rochers du Daghestan. » Le général Wiljaminoff, en 1837, haranguait ses soldats en ces termes : « Il n'y a que deux puissances, Dieu dans le ciel, et le czar sur la terre ; que la voûte céleste s'écroule, et les Russes seront en état de la soutenir sur leurs baïonnettes ! » C'est le même Wiljaminoff qui commençait ses ordres du jour par la phrase invariable : « Ces vauriens de Tchétchens... » Ce ne sont pas là pourtant, ainsi qu'on l'a dit, de *prétentieuses niaiseries*, des *gasconnades en style poétique*. Au premier abord, on est tenté de juger ainsi ; mais plus on réfléchit, plus on se persuade que ces phrases sonores et hyperboliques ne sont pas faites uniquement pour le soldat russe, elles visent plus loin ; ce sont moins des mots que des traits lancés pour frapper l'imagination des tribus ennemies. Schamyl n'ignore point cette ruse ; voyez-le renchérir sur les exagérations moscovites. Un général a-t-il dit que « les Russes sont plus nombreux que le sable de la mer, » vite Schamyl se hâte d'ajouter que « les Circassiens sont les vagues de l'Océan, destinées à repousser ce sable léger. »

« Ne croyez pas, s'écrie-t-il dans une proclamation aux guerriers de la grande et de la petite Kabardah qu'il voulait enrôler sous sa bannière, que Dieu favorise le grand nombre ! Non ! il est du côté des hommes pieux, dont le nombre est toujours moins considérable que celui des impies. Regardez autour de vous : partout éclate la manifestation de cette vérité. N'y a-t-il pas moins de roses que de mauvaises herbes? N'y a-t-il pas plus de fumier que de perles, plus de bêtes nuisibles que d'animaux utiles ? L'or n'est-il pas plus rare que le vil métal ? Et nous, ne sommes-nous pas plus nobles que cet or, ces roses, ces perles, ces animaux, pris ensemble ? Car tous les trésors de la terre sont périssables, tandis qu'une vie éternelle nous est réservée.

« Et s'il y a plus de mauvaises herbes que de roses, devons-nous, avant d'extirper celles-là, attendre qu'elles aient étouffé les nobles fleurs?...... »

Malgré ce pompeux langage, les Kabardiens ne se laissèrent point toucher; mais ils eurent lieu de s'en repentir; car Schamyl, tombant à l'improviste sur leurs *aouls*, en détruisit une soixantaine, et emmena les habitants en esclavage.

Schamyl habitait d'abord la petite forteresse d'*Akoulgha* ou d'*Achulgo*, où il s'était fait bâtir par des prisonniers et des déserteurs une jolie maison européenne à deux étages. Là, il vivait dans une extrême pauvreté, n'ayant d'autres ressources que les charités de ses soldats; mais, dans cet état, cent fois plus puissant que le plus riche monarque de l'Asie. On dit que jamais chef du Daghestan, sans même en excepter le cheik Manzour, n'a joui d'une pareille considération. « Mahomet est le premier prophète d'Allah; Schamyl en est le second. » Tel est, depuis 1834, le cri de ralliement des peuplades du Caucase.

Ce fut dans cette forteresse d'Achulgo que le

général Grabbe vint, en 1839, attaquer Schamyl, avec la ferme résolution de le prendre mort ou vif. On ne peut se faire une idée de l'aspect sauvage du pays au milieu duquel ce château fort est bâti. Des rochers arides, des abîmes que l'on ne peut regarder sans frissonner, des masses de pierres entassées sans ordre, à travers lesquelles il faut se frayer un passage à l'aide de la mine, et au milieu de ce désert, sur la plus haute cime d'un pic isolé de tous les autres, les remparts d'Achulgo : voilà le terrain où les Russes devaient opérer. L'importance de cette position n'avait point échappé à l'œil exercé de Schamyl; depuis quelques années, il se plaisait à l'entourer de fortifications, avec un art que les ingénieurs européens n'eussent pas désavoué. Mais ce n'étaient plus, comme jadis, de solides tours de bois qu'il faisait élever, connaissant, par expérience, le désavantage de ce système ; c'étaient des remparts en terre, des galeries souterraines, des chemins couverts, des tranchées. On y avait apporté une quantité de vivres et de munitions. Les Russes, de leur côté, se préparaient à l'attaque. Le plan de Schamyl était de harceler l'ennemi à l'aide des

Tchétchens ; de le retenir devant la place forte d'Arguani ; si cette ville tombait aux mains des Russes, de leur barrer le passage du fleuve Koï-Sou ; enfin, si cela était impossible, de les attendre résolûment à Achulgo, d'y vaincre ou d'y mourir. Toutes les espérances de Schamyl échouèrent. Les Russes emportèrent Arguani presque sans résistance, traversèrent le Koï-Sou et parurent devant le rocher d'Achulgo. Le général Grabbe en forma aussitôt le blocus pour affamer la garnison. Les difficultés à surmonter étaient immenses ; il fallait tailler des chemins dans le roc, élever des bastions sur des points inaccessibles, établir des communications entre les divers corps d'armée séparés les uns des autres par des précipices. Huit bataillons suffisaient à peine à garder les postes. Lorsque les soldats avaient bien travaillé toute la journée aux travaux du blocus, le soir ils prenaient leurs fusils et s'en allaient en tirailleurs, à moins que l'ennemi ne fît des sorties. Cet état se prolongea deux mois. Le général Grabbe, voyant que le blocus n'aboutissait à rien, ordonna l'assaut de la place. Les assiégeants réussirent à s'emparer d'une saillie de roc, où ils établirent leur artillerie, et de là foudroyèrent la citadelle. Décimés par le canon russe, mourant de faim et de soif, les montagnards ne cédèrent pas.

Les remparts avancés du Nouvel-Achulgo (la forteresse est divisée en deux parties, la *nouvelle* et l'*ancienne*) furent enlevés, le 17 août, par les sapeurs russes ; et le 23 eut lieu le dernier assaut qui décida du sort de la citadelle. Les soldats de Schamyl y déployèrent un courage et un mépris de la mort dont les guerres d'Europe ne fournissent aucun exemple. Les femmes prirent part à la lutte : on les voyait, perchées sur le roc, les vêtements en désordre, combattre le sabre et le pistolet à la main. Enfin, Achulgo vit flotter le drapeau russe le jour même de la naissance de l'empereur Nicolas. Mais Schamyl, contre qui tous les efforts de ce long siége étaient dirigés, ne se trouva ni parmi les morts, ni parmi les blessés. Qu'était-il devenu ? Des espions affirmèrent qu'il s'était réfugié dans une caverne. On explora tous les recoins, Schamyl n'y était pas. Vers minuit, quelques soldats, placés en sentinelles, entendirent un léger bruit : un homme descendait à l'aide d'une corde ; une fois à terre, il examine le terrain, donne un signal, et sur-le-champ un second se laisse glisser, puis un troisième, enveloppé dans un manteau blanc, comme Schamyl a coutume d'en porter. En un clin d'œil, les Russes se jettent sur eux et les conduisent à la tente du général. Mais, ô surprise! le montagnard au manteau blanc n'est qu'un faux Schamyl. Pendant ce temps, l'autre, le véritable, s'échappait et traversait à la nage le Koï-Sou. Les balles lancées contre lui ne l'atteignirent pas.

L'affaire d'Achulgo grandit encore le prestige dont Schamyl était environné. Ceux qui avaient toujours refusé de croire à sa mission divine n'osèrent plus en douter. C'était, en effet, la troisième fois qu'il échappait comme par miracle aux mains des Russes : une fois, on s'en souvient, il était sorti vivant de l'incendie d'une forteresse; et, dans une autre circonstance, il avait disparu après un combat acharné, malgré de nombreuses blessures. C'était un envoyé d'Allah invulnérable et immortel; qui aurait été assez aveugle pour ne pas le reconnaître? Cependant, il faut le dire, les bruits que l'on a répandus sur le compte de Schamyl à propos de l'événement d'Himri ne sont pas tous parfaitement exacts. Aujourd'hui encore, il n'est pas rare d'entendre raconter comme quoi Schamyl fut pris par les Russes, conduit à Saint-Pétersbourg, promu au grade d'officier et envoyé pour faire la guerre à ses compatriotes ; mais, s'étant pris de querelle avec ses supérieurs, il aurait quitté le service russe pour rentrer dans son ancienne condition. On parle même d'un officier moscovite tombé plus tard en son pouvoir et relâché par lui, en souvenir de l'amitié qui les avait unis à Saint-Pétersbourg. L'aventure a un fondement vrai; seulement ce n'est point à Schamyl qu'elle s'applique, mais à Daniel-Bey, qui devint en effet général russe et déserta pour passer sous les drapeaux de Schamyl, dont il est aujourd'hui l'ami et l'aide de camp.

Le siége d'Achulgo fut un des combats les plus meurtriers dont le Caucase ait jamais été le théâtre. On peut juger, par ce seul exemple, de la bonne foi des bulletins russes, ils portent le nombre des morts à deux cent soixante-cinq, et ils perdirent quatre mille hommes! — Un officier de cette nation, qui assistait à la bataille, en a tracé un récit qui donne le frisson :

« Dans ma vie, semée d'incidents de toute sorte, je n'ai jamais assisté à aucun spectacle aussi magnifiquement horrible que le siége d'Achulgo, et quand je me représente les scènes de cette mémorable journée, le froid me court dans les veines.

« Je ne comprends pas comment les choses se passèrent ce jour-là. Les plus lâches d'entre nous étaient, par un prodige du ciel, devenus des tigres ; on nageait dans le sang, on escaladait des remparts de cadavres ; le râle des mourants était notre musique guerrière. J'ai tout vu, tout senti, mais ce n'étaient pas des visions et des sentiments ordinaires ; car Dieu était mort en moi, le diable seul logeait dans mon cœur.

« De toutes les images qui me passèrent devant les yeux, il en est une dont je me souviens plus particulièrement.

« C'était quelques moments avant la fin de la lutte ; je gravissais, à la tête des débris de mon bataillon, un sentier escarpé. Au-dessus de nos têtes le canon avait cessé de tonner ; le vent dissipait les nuages de fumée qui, pareils à un sombre rideau, s'élevaient entre nous et la forteresse, quand nous aperçûmes, sur un plateau surplombant l'abîme, un groupe de femmes tcherkesses. Elles savaient que la victoire n'était pas de leur côté; mais, fermement résolues à périr plutôt que de tomber au pouvoir des Russes, elles roulaient d'énormes blocs de pierre sur le haut du rocher, et les lançaient contre l'ennemi. Une de ces masses passa à côté de moi et entraîna plusieurs de mes soldats. On aurait dit les Euménides, tant leur soif de vengeance était grande. Au milieu de la chaleur du combat, elles avaient jeté bas leur tunique, leurs cheveux flottaient en désordre sur leurs épaules demi-nues. Je vis une jeune femme, restée jusque-là tranquille spectatrice de l'action, arracher tout à coup de son sein l'enfant qui s'y cramponnait, et après lui avoir écrasé la tête contre une pierre, le lancer dans le précipice, et s'y jeter après lui, avec plusieurs de ses compagnes. »

En regard de cette narration d'un officier, nous avons pensé qu'il ne serait pas sans intérêt de placer le récit d'un simple soldat, qui, longtemps après, racontait à M. de Bérézine les détails de cette terrible mêlée[1].

[1] Poutiéchestvié po Daghestanou (*Voyage dans le Da-*

Le brave, alors en retraite, faisait le métier de cocher. Chemin faisant, M. Bérézine s'aperçoit qu'il est décoré d'une médaille militaire; il lui demande où il avait mérité cette distinction.

« Ah! Votre Excellence, répondit le troupier, la pièce est belle, c'est vrai, mais elle m'a coûté cher.

— Combien vaut-elle de balles?

— Dieu m'a préservé des balles, mais non pas des coups de poignard. Ce qui m'a le plus chagriné, c'est que, lorsque j'ai rouvert les yeux, la moitié de mes camarades étaient étendus morts à mes côtés, et que les autres se traînaient à peine.

— Où avez-vous été maltraités comme cela?

— C'est écrit sur la pièce, à Akoulgha.

— Ah! tu étais là! Conte-moi comment vous avez fait pour déloger le Bourdon (surnom que les soldats russes donnent à Schamyl. Bourdon se dit *Chmel* en russe).

Le vieux soldat, qui avait été *diadia* [1] de sa

gesthan et les provinces transcaucassiennes, 2e édit. Kasan, 1852, 2 vol. avec pl, in-8°.)

[1] On désigne sous le nom de *diadia* (oncle) un des plus anciens de la compagnie, ordinairement un beau parleur.

compagnie, ne se fit pas prier, et, tout en donnant de temps en temps quelques petits coups de fouet à ses chevaux, il commença en ces termes :

« Il y aura trois ans de cela à la fin du carême de l'Assomption ; depuis j'ai vu bien des affaires; mais je me souviens encore, comme si j'y étais, du jour où nous avons enlevé ce nid d'aigles.. Je n'étais plus un conscrit, je savais ce que vaut un coup de poignard ou de *chakhta* ; mais j'avoue qu'en apercevant la ruche du Bourdon perchée sur les bords à pic du Koï-Sou, qui coulait au-dessous avec un bruit du diable, je sentis battre mon cœur. Les mécréants avaient mis plus de trois ans à bâtir leur gîte et à creuser le fossé qui l'entourait ; lorsque tout ça avait été fini, le Bourdon était venu s'y installer en grand seigneur. Mais il trouva bientôt que ce n'était pas assez, et il fallut lui faire un second fort de l'autre côté du torrent. Le premier était le vieux Akoulgha, ils appelèrent le second le nouvel Akoulgha, et les deux places étaient réunies par un pont mobile. Le Bourdon exigea plus encore : il fit porter là-haut par ses hommes de la terre et des pieux pour construire une enceinte extérieure. Ce travail fini, le Bourdon se croyait en sûreté et prêt à recevoir toutes les visites qu'on pourrait lui faire. Mais voilà que nous arrivons, le commandant Grabbe en tête. Le Bourdon ne s'attendait sûrement pas à voir si bonne compagnie. La canonnade commence; ah! il fallait voir : le ciel était tout en feu. Mais le mur extérieur tenait toujours bon, les boulets n'y mordaient pas, et les mécréants, étendus tranquillement derrière, nous regardaient faire et avaient l'air de se moquer de nous. Le jour commençait à baisser et rien n'était fini. C'est alors que le commandant impatienté nous fit monter à l'assaut. Mais le coup ne réussit pas, Votre Excellence; l'ennemi était trop nombreux, et puis on ne savait comment grimper là-haut. C'est là que j'ai attrapé mon paquet; mais il ne s'agit pas de moi. Le conseil décida qu'il fallait faire jouer la mine, et on se mit à la besogne. A peine avait-on commencé que les mécréants se mettent à filer dans le nouvel Akoulgha. Il faisait nuit noire, et ils croyaient qu'on leur laisserait le temps de passer et de rompre le pont. Mais nos hommes, les petits-comtes[1] en tête, y entrèrent presque

[1] Régiment du maréchal prince Paskiewitch, alors comte,

en même temps. Voilà comment nous avons emporté les deux forts à la fois. Mais si nous avons tué beaucoup de monde à l'ennemi, il ne nous a pas épargnés ; au reste, la prise était bonne : le butin n'a pas manqué.

— « Comment le Bourdon a-t-il fait pour vous échapper ?

— « C'est le diable, sans doute, qui est venu à son secours. On dit bien qu'il a descendu le Koï-Sou sur un radeau, au moment où les siens ont lâché l'enceinte extérieure ; mais je ne le crois pas. En route, nous avons pris son fils, comme vous le savez sans doute. Que faire d'un enfant en campagne ? On l'a expédié à Pétersbourg. Il doit être grandelet maintenant. »

qui fut horriblement maltraité dans cette bataille. Sur trois bataillons envoyés à l'assaut, un seul revint au camp. La veille, en voyant défiler ces bataillons qui se distinguaient par leur belle tenue, un officier avait dit : « Quel dommage! demain deux d'entre eux n'existeront plus! » Sa prédiction se réalisa.

III

Visite à Dargy-Wedenno, résidence de Schamyl.

Lorsque sa résidence d'Achulgo eut été foudroyée par l'artillerie russe, Schamyl vint s'établir à Dargy-Wedenno. C'est là qu'un bourgeois de Mosdok[1], marchand de la troisième classe, nommé Atarow, lui a rendu visite il y a peu de temps. Atarow est cousin de Schamyl, le chef du Daghestan ayant épousé la cousine d'Atarow. L'union, à la vérité, n'est pas très-orthodoxe. Un beau jour de l'année 1840, Schamyl envahit Mosdok, pilla la ville et emmena la parente d'Atarow; la trouvant à son gré, il en fit sa femme. M. Sollogoub, passant l'année dernière

[1] Ville de la Kabardah, sur les rives du Térek, faisant partie du gouvernement de Stawropol. Elle fut fondée en 1764, et renferme actuellement 4,500 habitants.

à Mosdok, entendit parler de ce marchand et de sa visite à Schamyl. Il se rendit chez lui et le pria de mettre par écrit la relation de son voyage. Atarow consentit, en le prévenant toutefois qu'il n'était pas très-versé dans la langue russe. L'article fut donc revu par un ami de M. Sollogoub, qui se contenta d'y corriger quelques fautes grammaticales, sans rien changer aux expressions, et en cet état l'adressa au journal russe l'*Abeille du Nord*, qui l'a inséré dans les numéros du 18 et du 19 décembre dernier :

« Dans les premiers jours de mai 1848, j'arrivai avec un convoi militaire au fort de Wosdwischensk. Je me présentai devant le colonel, depuis général, Mœller-Sakomelski, et lui fis part de la résolution que j'avais prise de me rendre dans la Tchétchenia pour voir ma cousine Uluhanowa, enlevée en 1840 par les Tchétchens. Le colonel m'y autorisa sans peine, et aussitôt j'entamai une correspondance avec les naïbs Douba-Sadoulah et Dalchik. Ceux-ci me répondirent que, sans la permission de leur iman, ils ne pouvaient approcher du fort. Alors je m'adressai à Schamyl par le canal du naïb Douba.

Trois jours après l'envoi de ma lettre, ce dernier me dépêchait un émissaire pour m'apprendre qu'il était chargé par son chef, avec plusieurs autres naïbs, de venir à ma rencontre et de m'accompagner jusqu'à la résidence de l'iman.

« Lorsqu'on vint me dire que les députés de Schamyl se trouvaient à quatre verstes de la forteresse, je pris congé du commandant, qui m'avertit de bien me tenir sur mes gardes, et, après avoir endossé le costume des Tchétchens, après m'être armé de pied en cap, je choisis pour m'escorter deux cavaliers du village d'Oulaga, dont l'un était mon *kounak* (hôte) nommé Sisa.

« Nous nous avançâmes le long du défilé de l'Argoun, et, parvenus à une portée de fusil des émissaires de Schamyl, nous délibérâmes pour savoir lequel de nous irait en avant. Les Tchétchens, qui étaient d'un village allié aux Russes, refusaient d'aller plus loin, bien que je leur représentasse que c'était à eux à me remettre entre les mains de leurs frères; mais ils me répondirent qu'étant en hostilité avec les gens de Schamyl, ils ne voulaient avoir avec eux rien de commun. J'insistai vivement, en leur faisant observer que, d'après la loi musulmane, un *kounak* doit périr plutôt que d'exposer la vie de son ami. Sisa se rendit à mes raisons et se montra prêt à me suivre; quant à son compagnon, il ne bougea point de place. Nous marchâmes avec prudence, et, quand nous arrivâmes à une distance de cinquante toises des étrangers, je demandai à mon guide s'il reconnaissait quelqu'un d'entre eux. Il n'en connaissait qu'un, le naïb Douba, qui se distinguait des autres par son turban jaune.

— « Salut, naïb Douba ! m'écriai-je à haute voix dans la langue des Tchétchens, — Salut à toi, hôte de mon maître! » Puis nous nous approchâmes l'un de l'autre, à pas lents et avec beaucoup de circonspection, car il y avait des embûches à redouter. Lorsque je fus près du naïb, je m'élançai vers lui en présentant la main; nous nous saluâmes à la manière des montagnards du Daghestan, et je répétai les mêmes civilités à l'égard du naïb Égie-Adschi [1], son

[1] C'est probablement *Hadschi*, mot que joignent à leur nom ceux qui ont fait le pèlerinage de la Mecque ou simplement de Kerbélah.

compagnon, coiffé d'un turban de mousseline blanche.

« Égie-Adschi me demanda si mon intention était d'aller moi-même trouver Schamyl, ou si je voulais simplement lui faire parvenir quelque nouvelle.

— « Je n'ai aucune nouvelle à communiquer à votre chef, répliquai-je ; tout ce que je désire, c'est de rendre visite à sa femme, qui est ma cousine, et je vous prie de me conduire auprès d'elle.

— « Tes vœux vont être exaucés, » me dirent-ils.

A ces mots, me tournant vers mes deux compagnons, je leur criai :

— « Adieu! retournez au fort et assurez le colonel Mœller de mon respect. »

« A une demi-verste de là, j'aperçus derrière un *kourgan* ou petite colline une quinzaine de Tchétchens : c'était la troupe du naïb. Il fallut leur serrer la main à tous, et recommencer les mêmes salutations que précédemment.

— « Jeunes cavaliers, leur dis-je, êtes-vous disposés à me conduire sain et sauf à la résidence de votre chef?

— « Nous ferons notre possible, s'écrièrent-ils d'une seule voix, et s'écartèrent en chantant une hymne, l'*Ilalagla*.

« Nous poursuivîmes joyeusement notre route dans les montagnes ; bientôt nous traversâmes un bras de l'Argoun, qui se divise en deux à cet endroit. Nous rencontrions fréquemment des *Koutans* ou fermes, appartenant à des Tchétchens ennemis. La route était difficile, quelquefois très-pénible le long de roches abruptes, ou à travers des bois épais, en sorte qu'il nous fallait descendre à chaque instant de cheval. Ces bois sont habités par des troupes de porcs sauvages, qui se nourrissent de l'écorce du platane (*tschinar*), arbre qui croît en foule dans ce pays et atteint une hauteur prodigieuse. Mais là où nous eûmes à essuyer les plus grandes fatigues, ce fut à la montagne de Schbut ; je fus forcé d'aller à pied, à peine si je pouvais avancer d'un pas ; mon cheval était tenu en laisse par les Tchétchens. Je supposais — et je devinais juste — que l'on me conduisait à dessein par ces routes impraticables, afin que je n'eusse pas le temps de prendre connaissance du pays. Aussi n'est-ce qu'au bout du septième jour que nous atteignîmes le village de Datsche-Barsa, où habite le naïb Douba, dans la maison duquel nous descendîmes. Dans la cour, je remarquai un canon, auprès duquel un soldat montait la garde.

« Peu de temps après notre arrivée, les habitants du village se rendirent chez le naïb Douba ; son père était du nombre ; ils montèrent à l'étage supérieur de la maison, et là, sous une galerie ouverte (le *tschardag*, comme on dit ici), ils se mirent à boire du thé ; des groupes de curieux stationnaient autour de l'habitation ; quelques-uns même tentèrent de pénétrer dans l'intérieur ; mais les *nuker* ou domestiques s'armèrent de bâtons, tombèrent sur eux à bras raccourcis, en s'écriant : « Que voulez-vous ? Est-ce que vous n'avez jamais vu de Russe ? » Le reste de la soirée se passa en joyeux propos, on me donna un bon souper et une place pour dormir.

« Le lendemain, dès le matin, le voyage continua; c'étaient toujours de hautes montagnes, d'épaisses forêts et des précipices affreux. On ne s'arrêta point au village d'Oulaskart, bien que ce fût le lieu de résidence d'un de mes guides ; là, nous traversâmes le second bras de l'Argoun. Laissant ensuite derrière nous les villages de Mchta et de Tchik, au delà duquel nous eûmes à lutter contre des obstacles sans nombre provenant de la nature du sol; nous entrâmes enfin dans une immense vallée : au centre, s'étend le village de Wedenno ; à droite de ce village, à une distance de quatre verstes, vous apercevez dans la montagne une ouverture, ayant environ sept verstes de circonférence, entourée d'un côté par des roches boisées, de l'autre par un dangereux précipice, où mugissent les ondes du Chlilo. Dans cette crevasse de la montagne, est un terrain plat, au milieu duquel s'élève un château fort, flanqué de diverses constructions. L'endroit porte le nom de Dargy-Wedenno, là est la tannière du lion du Caucase, là réside le redoutable Schamyl !

« Le château n'a qu'une porte, en face de laquelle, à l'intérieur des remparts, se dresse une tour avec un canon pour en défendre l'entrée. Deux rangées de palissades, jointes par du mortier, entourent le rempart. A droite, est un emplacement particulier pour les murides. La poudrière, qui se voit à quelque distance, est gardée par des sentinelles. Devant le rempart, un petit *aoul* est presque exclusivement habité par des artisans ; on y trouve même un horloger. Une source a été amenée de la montagne dans le château et reçue dans un grand bassin en terre ; bêtes et gens viennent s'y baigner pêle-mêle ; au sortir de là, l'eau tombe dans un ravin profond, et s'en va rejoindre le torrent de Chlilo. Il y a aussi un magasin pour les provisions de maïs, de blé et de millet, conservées dans d'énormes tonneaux.

« Nous n'arrivâmes à Dargy-Wedenno que le soir du septième jour, je descendis dans la maison d'un de mes guides.

« Je ne fus pas, dès le lendemain, mandé auprès de Schamyl, parce que les renseignements qu'il avait fait prendre sur le motif de mon voyage ne lui étaient pas encore parvenus ; il craignait en effet que je n'eusse été envoyé par les *aouls* soumis, dans un but d'espionnage. Trois jours furent employés à recueillir les informations ; j'étais, pendant ce temps, suspendu entre la vie et la mort ; car, dans le cas où les nouvelles eussent été défavorables, ma perte était certaine. Au reste, on me nourrit fort bien, et, malgré mes angoisses, je fis bonne contenance. Enfin, le troisième jour, je fus invité à souper chez Schamyl dans sa *maison des étrangers*, située au milieu de la forteresse où je fus traité à la manière des musulmans. Vers la fin du souper, on servit le *pilau* ; mais je remarquai, à ma grande surprise, qu'après avoir l'avoir avalé, les convives, au nombre de vingt, se remuaient, fronçaient les sourcils et me lançaient des regards peu rassurants ; étonné, mais encore plus effrayé, je me dis à moi-même : « Est-ce que, « par hasard, on ne m'aurait si bien régalé que « pour me couper ensuite la tête ? » Je tâchai pourtant de conserver mon sang-froid, et considérai à mon tour mes compagnons de table, pensant que peut-être c'était leur habitude, en digérant le *pilau*, de prendre une mine sévère et de se parler bas à l'oreille. Je voulus adresser quelques questions à mon voisin ; mais il ne me répondit pas.

« Cet incident terminé, on m'offrit de petits gâteaux de farine de maïs qui avaient une mine appétissante. C'était le dessert. J'en goûtai quelques-uns ; l'on m'en offrit alors une seconde fois, mais je refusai, disant que j'étais rassasié :

« Mangez-en, » me dit le naïb qui présidait, car votre cousine les a préparés à votre intention. « S'il en est ainsi, j'y reviens avec le plus grand plaisir, répliquai-je. » Et j'en pris un certain nombre, en chargeant mes hôtes de remercier, ma cousine. Mais, pendant ce temps, le visage de mes convives s'était assombri de nouveau ; ils me regardaient avec un air de menace, quand un jeune cavalier muride entra dans la salle et prononça quelques mots en patois de la montagne. Les assistants changèrent aussitôt de conduite, on se tourna vers moi, on m'adressa la parole, on me fit mille politesses.

« J'appris plus tard le mot de l'énigme. Pendant le repas, on avait amené ma cousine dans la chambre voisine, on l'avait placée derrière une jalousie, et là on lui avait demandé si elle me reconnaissait. Elle me considéra attentivement et répondit que non. Mais elle pria qu'on me fît parler, et c'est alors qu'on m'offrit une seconde fois des gâteaux. Moi, qui ne me doutais de rien, je remerciai la personne qui m'en présentait. Aussitôt que j'eus ouvert la bouche, elle me reconnut et déclara que j'étais son cousin, ce qui, chez eux, s'appelle *Usoukar Kar-*

dasch, et enfin elle me désigna par mon nom. Ma cousine était fort excusable de ne m'avoir pas reconnu tout de suite. Le changement qui s'était opéré dans ma physionomie depuis huit ans de séparation, et la singularité de mon costume, en étaient cause ; mais bien lui prit de demander que je fisse entendre ma voix ; sans cela, j'aurais passé pour un imposteur, pour un espion, et c'en était fait de moi. Nous restâmes encore longtemps à table ; je rentrai tard au logis. Je me sentais maintenant plus à l'aise ; aussi, le lendemain matin, je priai mon hôte de faire avec moi un tour dans la vallée. Pendant cette promenade, nous passâmes devant l'*aoul* dont j'ai parlé ci-dessus, nous visitâmes tous les artisans, et comme je voulais surtout éprouver le talent de l'horloger, je lui donnai ma montre pour qu'il y remît un verre, ce dont il s'acquitta parfaitement. De là, nous passâmes à la poudrière et aux autres bâtiments, et nous retournâmes à la maison, où nous attendait une invitation à dîner, de la part de Schamyl. Je crus que cette fois l'iman se montrerait ; mais il ne parut point, il n'y avait que des naïbs récemment arrivés, en tout vingt-cinq convives. A la fin du repas, je me tournai vers l'un d'eux, qui paraissait le plus âgé, et lui dis :

— « Si je ne suis pas digne de voir votre iman en personne, au moins promettez-moi de vous interposer pour que je voie ma cousine.

— « Dieu t'accordera ta prière! » répondit-il.

« A peine de retour au logis, nous vîmes accourir le secrétaire de Schamyl, apportant à mon hôte l'ordre de me conduire sans délai au palais du prophète. Mon hôte prit avec lui des armes, m'engagea à en faire autant ; et, ainsi équipés, nous nous rendîmes à la forteresse, où sont gardés les femmes et les trésors du chef du Daghestan. Ses deux femmes [1] habitent des corps de logis séparés, entourés de balcons à l'européenne.

« A la porte de la forteresse, nous rencontrâmes deux sentinelles murides, l'une en dehors, l'autre à l'intérieur. Schamyl ne néglige aucune mesure de précaution ; quand il se rend à la mosquée, c'est toujours à travers une haie de murides, tenant à la main leurs sabres nus. Dans la cour, il y avait quatre pièces d'artillerie et

[1] D'autres voyageurs en portent le nombre à trois.

des canons de même calibre sur le haut des murailles [1].

« L'appartement de ma cousine était orné de tapis ; les siéges et les lits de repos, ressemblant beaucoup aux *tacht* de la Géorgie, n'y manquaient pas. Ma cousine vint à nous, accompagnée de six femmes ; je m'inclinai profondément, tandis que mon guide restait sur le seuil de la porte. Elle me demanda des nouvelles de ma santé, après quoi tout le monde s'assit sur les chaises et les *tacht*. Au bout de quelques minutes, les suivantes se levèrent l'une après l'autre, et vinrent me saluer ; leur visage était couvert d'un voile épais ; elles firent ensuite une révérence et se retirèrent. Je restai donc seul avec ma cousine et le naïb qui m'avait accompagné. Je la suppliai, en arménien, d'ôter son

[1] On voit par là que Schamyl possède maintenant de l'artillerie. Dans les premiers temps, ses soldats ne connaissaient point l'usage du canon ; quand ils entendaient tonner les bouches à feu des Russes, ils ressentaient une certaine frayeur ; mais ensuite ils s'y accoutumèrent. Dans leur langage figuré, ils appelaient un canon « *les mille guerriers* », voulant sans doute dire par là que cet instrument de guerre remplaçait avec avantage un millier de combattants. Ils disaient encore en manière de plaisanterie, que c'étaient les pistolets de poche de l'empereur.

voile ; mais elle me répondit, en langue koumouike, qu'étant peu versée dans l'arménien, elle craignait de se tromper, et me pria en conséquence d'employer le même dialecte qu'elle. Maîs le véritable motif, c'est qu'elle voulait enlever tout prétexte de soupçon ; car l'on aurait pu s'imaginer que je lui communiquais des secrets. Je me tournai alors vers le naïb, et lui fis part de ce que je venais de demander à ma cousine ; mon guide joignit ses prières aux miennes :

— « Mère! montrez au jour votre beau visage, en récompense des fatigues que notre hôte a supportées pour venir jusqu'à vous. »

« Je répétai la même phrase, et l'épouse de Schamyl se résolut enfin à faire tomber son voile. A partir de ce moment, la conversation devint plus libre ; elle m'adressa des questions sur tous nos parents, lorsque tout à coup une porte du vestibule s'ouvrit, ma cousine se hâta de remettre son voile — et Schamyl entra.

« Je me levai précipitamment de mon siége, mon guide baisa humblement la main de son chef : je voulus suivre son exemple, mais l'iman s'y refusa. Il s'assit sur un *tacht* et me demanda comment se portait *notre* famille.

« Schamyl est un homme d'une taille ordinaire, grave dans son maintien, avec de grands yeux et des cheveux roux. Son visage est marqué de taches de rousseur, il teint sa barbe de la même couleur que ses cheveux. Il était vêtu d'une casaque de satin foncé ou *beschmet*, et d'un manteau de drap rouge comme on a coutume d'en porter dans le haut clergé mahométan; sa coiffure était un fez rouge, orné d'un gland énorme. Je le vis, une autre fois, aller à la mosquée, la tête couverte d'un large turban.

« Schamyl me dit de m'asseoir, puis, en termes très-recherchés, me demanda si j'avais fait un heureux voyage, si la route à travers leurs montagnes m'avait charmé, qui m'avait accordé la permission de me rendre auprès de lui, et dans quel but j'étais venu à Dargy-Wedenno.

« Vos montagnes, lui répondis-je, sont très-pittoresques, mais les chemins détestables, et si j'avais su, avant la route, à quels dangers je m'exposais, je n'aurais pas entrepris le voyage. Ce sont nos autorités qui m'ont accordé la permission de partir, et la seule cause de mon voyage a été le désir de revoir ma cousine et d'apprendre de sa bouche des détails sur sa condition présente. » Il insista pour savoir de qui particulièrement j'avais obtenu l'autorisation de venir dans la Tchétchenia.

— « J'ai été assez heureux, lui dis-je, pour que vous m'ayez, dès ma première lettre, permis de venir jusqu'à vous [1].

— « Cette grâce, je la ferais à beaucoup d'autres ; seulement je ne sais qui serait assez hardi pour entreprendre le voyage.

— « Que Dieu soit avec vous, répliquai-je ; mon arrivée ici a dépendu de vous, mon retour dépendra aussi de votre volonté. »

A ces mots, Schamyl sourit.

— « Eh bien ! soit, mais je doute fort qu'un autre ait la hardiesse de tenter la même entreprise. »

« Le chef des Tchétchens me fit alors de nombreuses questions sur les Français, sur les Hongrois, et sur l'organisation de notre armée. Je lui répondis ce que je savais en termes clairs et précis, et je m'enhardis jusqu'à le prier d'accepter un présent, selon l'habitude de notre pays.

[1] Il paraît y avoir une lacune entre cette phrase et la précédente.

— « Pourquoi non ? » dit Schamyl.

Je tirai donc de mon sein une petite montre de dame que j'offris à ma cousine, et je présentai à l'iman un chronomètre d'or avec sa chaîne[1]. Mais Schamyl ne reçut pas le cadeau de ma propre main ; sa femme me dit de le poser sur un des *tacht*.

— « Est-ce, en effet, l'usage chez vous, de donner et de recevoir des présents? » demanda Schamyl.

« Je répondis affirmativement.

« Il s'entretint encore une demi-heure avec moi en langue koumouike, puis se leva et nous quitta.

« Ma cousine se découvrit de nouveau le visage. Vers le soir, on apporta du thé, des poires, des pommes et du raisin. J'exprimai mon étonnement de voir, en plein mois de mai, des grappes de raisin aussi fraîches ; ma cousine m'apprit que les Tchétchens avaient un moyen pour conserver, jusqu'à la récolte nouvelle, le raisin de l'année passée. La soirée s'écoula ainsi. Je pris

[1] La nature de ces présents et la visite de tout à l'heure à la boutique de l'horloger feraient supposer que le bourgeois de Mosdok exerce lui-même cette dernière profession.

congé de ma cousine; chemin faisant, le naïb qui m'accompagnait me défendit de raconter, à qui que ce fût, mon entretien avec Schamyl.

— « Si on t'interroge, dis seulement que tu as vu ta cousine ; quand tu seras hors d'ici, tu pourras parler à ton aise.

— « Pourquoi cela? est-ce que les vôtres se moqueraient de moi ?

— « Ils ne se moqueront pas de toi, mais ils te massacreront s'ils viennent à s'apercevoir que tu as eu des relations avec Schamyl. »

« Je priai le naïb de s'expliquer.

— « Tu as mangé deux fois avec les naïbs, me dit-il, pourquoi n'as-tu pas vu, ces deux fois-là, Schamyl à la table commune? C'est que les lois de notre religion défendent à un iman de s'asseoir à la même table qu'un giaour. Maintenant fais ce que tu voudras, mais si tu tiens à sortir d'ici sain et sauf, impose un frein à ta langue.»

« Le lendemain, je sollicitai l'autorisation de partir. Je demandais à voir encore une fois ma cousine. Mais, pour toute réponse, Schamyl m'envoya un cheval en présent; et le secrétaire de l'iman vint m'annoncer que j'aurais une escorte de trente cavaliers, qui me ramèneraient dans les environs de la forteresse de Wosdwischensk.

« Nous partîmes le jour suivant, et comme, cette fois, mes guides choisirent un autre chemin beaucoup plus court, le soir même j'arrivai sans encombre au lieu de ma destination. »

IV

Fanatisme de Schamyl.

C'était dans l'année 1843.

Cernés de tous côtés par les bataillons moscovites, abandonnés par leurs frères Lesghis, les habitants de la grande et de la petite Tchétchenia résolurent d'envoyer une députation à Schamyl pour lui demander un nombre suffisant de troupes qui leur permît de résister aux Russes, et même de les chasser du pays où ils venaient d'ériger la forteresse de Wosdwischensk, et où ils paraissaient vouloir fonder un établissement durable. Si Schamyl ne pouvait leur envoyer les secours dont ils avaient besoin, ils le conjuraient au moins de permettre qu'ils fissent leur soumission à la Russie, étant hors d'état de lutter plus longtemps contre cette puissance.

Personne ne consentit à se charger d'un pareil message ; car paraître devant Schamyl avec des propositions de cette nature, c'était jouer sa tête. Les Tchétchens se virent donc forcés de tirer au sort, et le choix tomba sur quatre habitants du village de Gounoï. Le Circassien est trop fier pour manifester aucune crainte, même en présence du plus affreux danger. Aussi les montagnards désignés acceptèrent sans hésiter le périlleux mandat et promirent de rapporter à leurs concitoyens des nouvelles favorables.

Les voilà donc partis, le cœur léger ; mais, à mesure qu'on approchait de l'*aoul* de Dargo, chacun d'eux sentait s'éveiller plus vivement dans son cœur le sentiment si naturel à l'homme de sa propre conservation, et songeait au destin qui lui était réservé. Ils tinrent plusieurs fois conseil pour savoir comment se tirer d'affaire, mais sans trouver un expédient. Enfin, le plus ancien de la députation, Tépi, dont la sagesse était éprouvée, ouvrit l'avis suivant :

« Camarades, vous savez que non-seulement les gens du peuple, mais encore les murides les plus dévoués du puissant Schamyl n'ont jamais prononcé impunément devant lui le mot de *soumission aux giaours*. Quel serait donc notre sort, si nous avions la hardiesse de faire résonner ce mot à ses oreilles? Aussitôt il donnerait l'ordre de nous arracher la langue, de nous crever les yeux, de nous couper la tête, et cela, loin de produire aucun avantage à nos concitoyens, ne ferait que répandre le deuil parmi nos familles. Pour échapper à la destinée qui nous attend, et pour remplir au moins en partie notre mission, j'ai imaginé un expédient plus sûr.

« J'ai ouï parler, continua le vieillard, d'une personne qui exerce beaucoup d'influence sur notre iman, et qui peut prononcer devant lui des paroles, fatales dans la bouche de tout autre. Cette personne, c'est la mère de Schamyl. Mon *kounak* Hassim de Dargo, consentira bien à nous introduire auprès d'elle, surtout si nous lui donnons une partie de l'or que nous avons apporté. »

Les députés applaudirent au discours de leur camarade et lui donnèrent plein pouvoir d'agir. Ils arrivèrent à Dargo et furent très-bien reçus dans la maison du *kounak*. Tépi profita de la première occasion pour lui dévoiler leur plan.

« Crois-tu, répondit son *kounak* irrité, que aie l'âme assez noire pour t'aider dans une pareille entreprise? »

L'envoyé fouilla dans sa poche et fit rouler sur le tapis une poignée de pièces d'or. Le visage d'Hassim-Mollah changea soudain d'expression; il pria son ami de lui exposer de nouveau l'affaire, craignant, disait-il, de n'avoir pas bien compris la première fois. En même temps, il demanda combien Tépi avait apporté de ces pièces d'or.

« Trois cents, repartit l'habitant de Gounoï. Toute la tribu s'est imposée pour produire cette forte somme, destinée à appuyer notre requête. En voici déjà soixante; les deux cent quarante autres seront pour la *khanoun* [1], si elle consent à nous servir et si elle obtient de son fils ce qui fait l'objet de notre voyage.

— Bien, dit Hassim-Mollah, je parlerai à la *khanoun*, et j'espère qu'elle ne fera aucune difficulté; mais à une condition, c'est que, sur les deux cent quarante pièces d'or qui vous restent, elle n'en recevra que deux cents, et les quarante autres seront pour moi. »

[1] Nom donné à la femme ou à la mère d'un *khan*.

Tépi ne demandait pas mieux. Hassim se rendit incontinent chez la mère du prophète. C'était une femme d'un âge avancé, pieuse et généralement vénérée ; mais elle avait un faible pour l'or ; aussi n'eut-il pas de peine à la persuader de tenter cette démarche auprès de son fils.

Le soir même elle alla le trouver. Schamyl, le Coran à la main, haranguait une troupe de murides, réunis autour de lui, qui étaient sur le point de partir pour prêcher la guerre sainte parmi les tribus de la montagne. D'habitude, il n'aimait pas qu'on le troublât dans une opération aussi importante ; mais sa mère, ayant tout pouvoir sur lui, obtint facilement audience, et ils s'enfermèrent ensemble dans une pièce voisine. L'entretien dura jusqu'à minuit. Que se passa-t-il entre la mère et le fils? Personne ne l'a jamais su. Ce qui est certain, c'est que le lendemain, Hassim, voulant connaître le résultat de l'entrevue, se rendit auprès d'elle ; mais il la trouva pâle et noyée dans les larmes.

« Voici, lui dit la *khanoun* d'une voix tremblante, ce qui s'est passé hier. Mon fils n'ose pas décider lui-même cette grave question. Il s'est donc retiré à la Mosquée pour y attendre, dans le jeûne et dans les prières, que le grand Prophète lui révèle sa volonté souveraine. »

En effet, Schamyl s'était enfermé dans la Mosquée, après avoir intimé à tous les habitants l'ordre de se rassembler autour du lieu saint, et d'y demeurer en prière jusqu'au moment de sa sortie.

A cette nouvelle, tout le peuple accourut et entoura la mosquée. Chacun priait en poussant des cris vers le ciel. Trois fois vingt-quatre heures s'écoulèrent ainsi; déjà, plusieurs des assistants tombaient d'épuisement, quand les portes s'ouvrirent tout à coup, et Schamyl parut, le visage décomposé, couvert d'une pâleur mortelle.

Ayant dit quelques mots à l'oreille d'un muride qui se tenait auprès de lui, il monta sur la plate-forme de la mosquée, entouré de ses gardes. Pendant quelques instants il resta debout, sans proférer une parole; le peuple, répandu sur la place, tenait les yeux fixés sur lui, et attendait dans une muette anxiété; les envoyés de la Tchétchenia étaient là et retenaient leur souffle.

Le serviteur que Schamyl avait envoyé revint bientôt en ramenant la *khanoun*, qu'il conduisit également sur la plate-forme de la mosquée. Schamyl lui commanda de se placer devant lui, et, levant les yeux au ciel : « Grand Prophète, trois fois saints sont tes commandements ! Que ta volonté s'accomplisse. »

Puis, se tournant vers le peuple, il s'exprima en ces termes, d'une voix claire et retentissante :

« Habitants de Dargo !

« Les choses que j'ai à vous annoncer sont terribles ! Les Tchétchens ont formé un infâme projet, celui de se soumettre aux giaours. Ils ont même eu l'effronterie d'envoyer ici, pour obtenir mon consentement, des députés, qui, sachant d'avance la réponse que je ferais à leurs propositions, n'ont pas osé paraître devant moi. Ils se sont adressés à ma mère. La faible et malheureuse femme ne leur a pas résisté, elle est venue me transmettre leur demande. L'attachement que je lui porte vous est connu. Touché de ses ardentes prières, j'ai voulu interroger Mahomet lui-même, le favori de Dieu ; voilà pourquoi je me suis enfermé trois jours et trois nuits dans cette mosquée, implorant l'appui du

Prophète, que vos prières sans doute m'ont rendu favorable. Sa réponse est venue ; mais quel coup de foudre pour moi ! La volonté d'Allah est qu'il soit donné cent coups de fouet à la personne qui, la première, m'a parlé de ce honteux projet ; et cette personne je l'ai dit, c'est ma mère ! »

Quand elle entendit prononcer son nom, l'infortunée poussa un cri lamentable et tomba sans connaissance aux pieds de son fils.

Le prophète continue :

« Vous jugez quel fut mon saisissement quand j'entendis cet ordre. Je pleurai des larmes amères, Mahomet comprit ma douleur et obtint que je subirais moi-même la peine à laquelle ma pauvre mère avait été condamnée ; et je la subirai avec joie, ô saint Prophète ! C'est une nouvelle marque de ta miséricorde envers ton serviteur. »

A ces mots, il descend de la plate-forme, et ordonne à deux de ses gardes de faire l'office de bourreaux. Ceux-ci refusent ; Schamyl commande, il faut obéir. Les lanières de cuir sifflent dans l'air ; au cinquième coup, le sang jaillit en abondance des épaules du prophète ; mais, en voyant couler ce sang précieux, le peuple se précipite sur les gardes, leur arrache les fouets, qu'il déchire en mille pièces.

— « Non ! ce n'est pas à notre maître à subir ce châtiment, s'écrie-t-on de toutes parts ; c'est aux vrais coupables, aux envoyés de la Tchétchenia ! »

— « Où sont-ils? demande le prophète.

— « Ici, ici ! » répondent des milliers de voix; et, au même instant, les députés du village de Gounoï sont traînés aux pieds de Schamyl.

Tout le monde pense que les quatre Tchétchens vont être livrés au plus affreux supplice. Déjà les murides tirent le sabre du fourreau. Les malheureux sont à genoux, la face collée contre terre, attendant leur arrêt. Mais, jugez de la surprise générale, quand on voit Schamyl les relever, et, après les avoir engagés à reprendre courage, leur dire :

« Allez, retournez auprès de vos concitoyens, et, en réponse à leurs lâches propositions, contez-leur ce que vous avez vu et entendu. »

Il est inutile d'ajouter que, depuis cette aventure, jamais Schamyl ne reçut d'ambassade pareille.

V

Schamyl, législateur.

Si Schamyl est remarquable comme guerrier, il l'est encore plus comme législateur. Former un peuple de toutes ces tribus divisées par des haines religieuses et politiques, leur imposer des lois et une religion communes, contenir dans de justes limites la puissance de leurs princes, organiser une armée permanente, établir dans cette armée l'ordre et la discipline : tel est le problème que le chef du Daghestan avait à résoudre, et il l'a résolu. Les institutions qu'il a créées sont conformes à l'esprit de son peuple et aux besoins de la situation.

Le pays qu'il gouverne aujourd'hui est divisé en vingt provinces, dont chacune est régie par un *Naïb* ou gouverneur. Ces naïbs ont la même autorité, sauf quatre, les confidents les plus intimes du Prophète, qui jouissent d'un pouvoir illimité. Ils ne rendent à l'iman aucun compte de leur administration ; la vie de leurs sujets leur appartient ; les autres doivent, avant d'agir, prendre les avis du maître. Outre le naïb, il y a, dans chaque province, un *Ancien* qui exerce les fonctions de juge, et communique au peuple les ordres et les proclamations de Schamyl.

L'armée est organisée sur un excellent pied : chaque naïb fournit à l'État trois cents cavaliers, dont voici le mode de recrutement : dix familles doivent en envoyer un ; la famille qui le fournit est exempte de contributions tant qu'il est vivant : les neuf autres se chargent de son équipement et de son entretien. Telle est l'armée active ; mais, outre cela, il existe une armée mobile, une espèce de garde nationale. Tous les habitants des *aouls* en font partie ; de quinze à cinquante ans, ils doivent s'exercer à manier les armes et à monter à cheval. Ils ont pour mission de défendre leurs villages contre les attaques de l'ennemi, et au besoin ils accompagnent Schamyl dans ses expéditions lointaines. En ce cas les dix familles sont commandées par le cavalier de l'armée active qu'elles ont équipé. Un bataillon spécial est composé de déserteurs russes et polonais ; c'est sans doute un débris de cette garde d'honneur formée par Hamsad-Bey.

Schamyl est entouré d'une garde particulière choisie parmi les murides. Les *aouls* se disputent l'honneur de fournir des soldats à cette troupe d'élite. Mais pour en faire partie, il faut avoir donné des preuves constantes de bravoure et de fidélité. Les membres de ce corps jurent de renoncer à toute les affections de famille ; ceux qui ne sont pas mariés restent célibataires, les autres n'ont aucun commerce avec leurs femmes et leurs enfants pendant toute la durée du service. Schamyl a voulu qu'ils donnassent au peuple l'exemple de la tempérance, et que tous leurs soins fussent consacrés à la défense du pays et de son chef. Ces gardes sont au nombre de mille ; jamais un seul n'est tombé vivant dans les mains des Russes ; jamais un seul n'a trahi son serment de fidélité. Leurs paroles sont des ordres, et quiconque n'y obéirait point serait puni de mort. Nuit et jour ils montent la garde autour de la demeure du chef, et l'escortent quand il paraît en public. Dans ses voyages ordinaires il est suivi de cinq cents de ces cavaliers, quelquefois même de la troupe entière. C'est, disent les uns, pour éblouir les yeux; suivant d'autres, c'est pour prévenir les attentats contre sa vie; car certaines tribus sont impatientes de secouer son joug de fer. Il faut observer ici qu'on disait la même chose de son prédécesseur Kasi-Mollah, dont le nom de *Kasi* avait été métamorphosé en celui de *Kafi* (chien), et pourtant ce prophète ne périt point de la main d'un traître. D'ailleurs comment contenir, autrement que par la sévérité, ces hordes de guerriers turbulents et indisciplinés?

Dans l'organisation de son armée, Schamyl n'a pas oublié les insignes honorifiques, les médailles et autres distinctions, qui récompensent la valeur. Le chef de cent guerriers qui s'est distingué dans le combat obtient une médaille ronde en argent ornée de légendes poétiques; les commandants de trois cents hommes, des médailles triangulaires; les autres, des épaulettes, qui exercent sur l'amour-propre du montagnard une séduction irrésistible;

aussi les Russes ont plus d'une fois exploité cette petite faiblesse. Avant 1842, on ne connaissait dans l'armée de Schamyl d'autre distinction que des sabres d'honneur attachés du côté droit. Il existe également une certaine hiérarchie, car il y a des capitaines et des généraux. — Quant aux lâches, ils sont distingués par un morceau de feutre qu'on leur attache sur le dos ou sur le bras. Jadis on les exposait à la risée en les revêtant d'habits féminins. Cette coutume venait sans doute des Persans, chez lesquels un guerrier, convaincu de lâcheté, était affublé d'une robe de femme et promené ainsi, pendant toute une journée, dans le camp.

Les revenus de Schamyl ne consistaient d'abord que dans le butin, dont le cinquième appartient au chef, suivant un usage immémorial ; mais, aujourd'hui, il y a des impôts fixes, que les naïbs sont chargés de lever. Dans certaines provinces, l'impôt se paye en argent ; d'autres, où ce métal est moins abondant, le payent en nature. Toutes les tribus fournissent la dîme de leurs récoltes. Les terrains qui dépendaient autrefois des mosquées, et ne servaient qu'à nourrir la paresse des prêtres et des derviches, ont été réunis à l'État ; les prêtres ont dès lors reçu un traitement fixe ; les derviches capables de porter les armes sont entrés dans la milice, et, pour les autres, on les a chassés du pays. Lorsqu'un guerrier périt dans le combat sans laisser de postérité, son bien mobilier et immobilier revient au trésor public. En revanche, quand un soldat ne peut plus servir à cause de ses blessures, il touche, sur la caisse du chef, une pension mensuelle de trois roubles d'argent.

C'est à Schamyl que le Daghestan est redevable de l'établissement des postes ; en outre, il a organisé, pour le transport des nouvelles importantes, un service de courriers qui parcourent les distances les plus considérables avec une rapidité inouïe. Munis d'une carte signée du naïb, il leur suffit de la montrer dans les villages où ils passent pour qu'on leur fournisse aussitôt un cheval frais et un guide. Si le courrier est hors d'état de poursuivre sa route, il est soigné par la commune, et l'on choisit sur-le-champ un autre messager. — De plus, il est l'auteur d'un Code qui fixe des peines sévères contre le vol, l'assassinat, la trahison, la lâcheté, etc. La peine de mort a trois degrés, suivant la nature du crime.

Schamyl n'entreprend jamais d'affaire grave, une expédition contre les Russes, par exemple, sans avoir l'assentiment d'Allah. Il se retire donc pendant quelques jours dans une grotte ou une mosquée, et, sa retraite finie, il vient annoncer au peuple les révélations divines. Il s'est servi souvent de ce moyen pour mettre un terme aux luttes sanglantes qui se perpétuaient de génération en génération entre les familles, et faisaient périr sans gloire une quantité de braves. La vendetta corse n'est rien auprès de la vendetta caucasienne. Aujourd'hui, l'on ne se fait plus justice soi-même; si cependant un crime a lieu, le meurtrier paye aux parents de la victime une somme d'argent, ou bien leur donne des chevaux ou des brebis. Mais dans certains districts règne encore la coutume barbare, lorsque deux familles divisées par une haine héréditaire se réconcilient, de livrer de pauvres enfants que l'on égorge sans pitié pour que d'un côté comme de l'autre les pertes soient égales.

VI

Le prince Woronzoff.

Tous les généraux russes envoyés dans le Caucase se sont imaginé qu'à eux était réservé l'honneur de terminer cette guerre opiniâtre. Le général Woronzoff, appelé en 1845 au gouvernement des provinces russes du Caucase, vint aussi dans cette flatteuse espérance ; mais il doit avoir aujourd'hui perdu toute illusion à cet égard. Depuis près de dix ans il poursuit, fatigue, enferme Schamyl dans un cercle qui va toujours se rétrécissant et Schamyl lui échappe toujours. Les Russes ont pour eux l'avantage du nombre, la supériorité de la tactique et de la discipline ; les montagnards sont peu nombreux, mais ils combattent pour l'indépendance de leur pays, et dans leur résistance aux armées du czar, ils sont puissamment aidés par leurs rochers, leurs forêts et leurs précipices. C'est ainsi qu'après une heureuse expédition la retraite coûte souvent aux Russes plus cher que la bataille même. L'ennemi les attend près d'un défilé ou dans un bois, et si les Russes n'ont pas eu la précaution d'occuper d'avance les gorges des montagnes qu'ils doivent traverser, ce qui, quand il s'agit de grandes distances, est impossible, malheur à eux! « Embusqués derrière un rocher ou dans un buisson, dit M. Bérézine, ces intrépides guerriers restent plusieurs jours à épier l'ennemi; quelques gorgées de farine délayée dans de l'eau suffisent à leur nourriture. La bravoure qu'ils déploient est prodigieuse; lorsqu'un montagnard se voit poursuivi de trop près, il jette son épais manteau de feutre sur la tête de son cheval et s'élance sans hésitation dans un torrent ou au fond d'un précipice. Mais ce qui est plus digne d'étonnement, sans contredit, c'est qu'il accomplit presque toujours fort heureusement ces sauts périlleux. En fondant sur les lignes ennemies, il est le plus souvent en chemise, un poignard entre ses dents, son *chakhta* et ses pistolets à la main, et il se sert alternativement de ces armes, suivant les chances de la mêlée. C'est presque toujours par de copieuses libations qu'il se prépare au combat. »

Les montagnards, on le voit, n'observent guère, sur ce point, les préceptes du Coran. Les Lesghis surtout aiment à s'enivrer avec l'eau-de-vie russe.

On conçoit qu'il est difficile de soutenir le choc de cette avalanche. Après le combat, ils se hâtent de ramasser les corps de leurs camarades qui ont péri, car ils renonceraient à la victoire plutôt que de les laisser abandonnés sur le champ de bataille. Jamais ils ne manquent d'envoyer une députation pour réclamer à l'ennemi les cadavres de leurs frères. Le général Rajeffski, ayant reçu un message de cette nature, leur répondit : « Je ne fais pas la guerre aux morts. » Les Circassiens se retirèrent, en appelant sur le général les bénédictions du ciel.

Les Russes reprochent à l'ennemi sa manière déloyale de combattre. « Ils nous attaquent toujours à l'improviste, disent-ils, tuent nos soldats par ruse, n'acceptent une bataille régulière que lorsqu'il n'y a plus de chance de salut; mais qu'ils trouvent un autre expédient, et ils ne rougissent pas de prendre la fuite. » Les Russes en parlent vraiment bien à leur aise! Faut-il donc que les sauvages tribus du Daghestan abandonnent leurs montagnes, leurs forêts, leurs cavernes, pour descendre dans la plaine, et là se laissent mitrailler par l'excellente artillerie des Russes? Si Schamyl ménage ses troupes, s'il évite les escarmouches inutiles, s'il n'accepte un combat en rase campagne que forcément ou bien dans de certaines conditions, il a, selon moi, parfaitement raison. Que les Moscovites perdent une armée, vite une autre la remplace; l'autocrate n'a qu'à frapper la terre du pied, et il en sort des légions; il n'a pas besoin de compter les milliers d'hommes engloutis chaque année dans les précipices du Daghestan; et, dans le fait, il ne pourrait les compter! Schamyl, lui, n'a qu'une armée à perdre; si elle est anéantie, tout est perdu pour lui; il n'a qu'un coin de terre; si ce coin lui est enlevé, il n'a plus une place où reposer sa tête. Tout son pays est sillonné de routes militaires ou garni de forteresses russes. A qui appartiennent les villes considérables du Daghestan qui bordent la mer Caspienne ? aux Russes. Schamyl manque presque continuellement de provisions de guerre; il faut qu'il enlève la victoire le fer à la main ; les Russes combattent de loin avec leurs fusils et leurs canons ; quel est, nous le demandons, le plus déloyal des deux ? L'homme qui, à la tête d'une poignée de montagnards, tient en échec le colosse qui embrasse trois parties du monde, celui-là, à coup sûr, n'est pas un lâche! Schamyl sait mieux que personne que les Russes préfèrent souvent à un léger avantage une grande victoire, remportée sur le papier. Il laisse donc la gloire à ses ennemis et garde pour lui l'avantage réel. S'il combat, ce n'est point pour un grade, pour une décoration, pour voir ses hauts faits répétés à grand fracas par toutes les gazettes de l'empire moscovite. C'est pour assurer la liberté politique et religieuse du Daghestan, c'est pour tirer vengeance de ses ennemis les plus acharnés.

Au reste, les Russes ne dédaignent pas d'emprunter à l'ennemi son système de faire la guerre, quand ils espèrent en tirer quelque profit. C'est ainsi qu'ils faillirent, en 1844, surprendre Schamyl dans un défilé et s'emparer de sa personne. Toutes les mesures étaient habilement prises, Schamyl avait donné tête baissée dans le piége; mais, heureusement pour lui, c'était un général allemand, Neidhart, qui commandait en chef l'armée du Caucase. Les soldats, qui l'avaient surnommé par dérision le *pédant allemand*, n'avaient aucune confiance en lui ; d'ailleurs il n'avait pas de grandes capacités militaires. Il garda dans sa poche l'ordre d'attaquer, et ne le donna que le lendemain, quand Schamyl était évadé. Neidhart fut cassé et s'en alla mourir de chagrin à Moscou, dont il avait été autrefois gouverneur.

On résolut alors d'envoyer à l'armée du Caucase un général plus actif, et le prince Michel Woronzoff fut choisi. C'est l'adversaire le plus redoutable que Schamyl ait encore eu à combattre ; à ce titre, il mérite de figurer ici ; c'est d'ailleurs une des personnalités importantes de la Russie contemporaine.

La nomination de Michel Woronzoff étonna tous les politiques de Saint-Pétersbourg. On savait qu'il n'était pas en faveur auprès du maître : le bruit courait même qu'il y avait autour de sa personne, jusque dans son état-major, des espions chargés de rapporter à l'empereur ses moindres faits et gestes; et l'on regardait comme à peu près certaine la destitution d'un homme dont les vues ne s'accordaient pas avec celles du czar. Grande fut donc la surprise des courtisans lorsqu'ils connurent la décision de l'empereur.

Michel Woronzoff descend de Gabriel Woronzoff, qui périt au siége de Tchighirine, en Petite-Russie, dans l'année 1678. Il ne faut pas confondre cette famille avec la branche des boyards Woronzoff, laquelle s'éteignit au seizième siècle, ainsi que le constate le *Livre de Velours*, ces archives de la noblesse moscovite[1]. Un des petits-fils de Gabriel devint l'amant de l'impératrice Élisabeth, et profita de son crédit auprès de la souveraine pour faire avancer ses deux frères, Michel et Roman. Ce dernier eut deux fils, dont l'un, le comte Alexandre, fut ministre du commerce, chancelier de l'empire, et obtint, sous l'empereur Alexandre, le por-

[1] *Notice sur les principales familles de la Russie*, par M. le comte d'Almagro ; Paris, 1843, in-8°.

tefeuille des affaires étrangères ; l'autre, nommé Simon, eut l'ambassade d'Angleterre ; mais, tombé en disgrâce après la mort de Catherine II, il mourut à Londres, laissant un fils, Michel. C'est celui qui nous occupe. Né en 1782, à Saint-Pétersbourg, Michel avait suivi son père et reçu son éducation à Londres. Il résida encore quelque temps en Angleterre ; mais, à l'avénement d'Alexandre, il fut rappelé d'exil et nommé, par l'empereur, gentilhomme de la chambre ; puis, ayant reconnu que l'atmosphère des cours ne lui convenait pas, il entra comme lieutenant dans l'armée du Caucase, alors commandée par le prince géorgien Zizianoff.

Jusqu'en 1805, il resta dans le Caucase ; la guerre des Français contre la Prusse le rappela en Allemagne. Il y prit une part active jusqu'à la paix de Tilsitt ; en 1807, éclata la guerre de Turquie, où Woronzoff combattit comme colonel. En 1811, il fut promu général ; c'est alors que Napoléon ouvrit la campagne contre la Russie, qui se hâta de conclure la paix avec les Turcs, et de rappeler toutes ses troupes pour lutter contre l'invasion.

Quand la guerre fut terminée, il se sentit tourmenté du désir de revoir le pays qu'il avait si longtemps habité et pour lequel il avait une préférence marquée, l'Angleterre, où il séjourna jusqu'en 1823, époque à laquelle il obtint le gouvernement général de la Petite-Russie et de la Bessarabie.

C'est lui qui mit à exécution les plans des deux fondateurs d'Odessa, dont le commerce devait prendre bientôt une extension considérable. Cette ville lui est redevable de ses embellissements ; il mit tout en œuvre pour repeupler les vastes steppes qui s'étendent au nord de la mer Noire, jadis habitées par les hordes indisciplinées des Tatars Noghais, puis abandonnées par elles après que les Russes eurent pris possession du pays.

Il contribua beaucoup à la prospérité des colonies allemandes établies aux environs d'Odessa. Les plaines de la Crimée furent livrées à la culture ; on dépensa de fortes sommes pour établir des plantations, surtout des vignobles, et les cabanes des Tatars furent remplacées par des palais dans le style mauresque, des constructions et des fontaines turques, et des villas italiennes.

Avec l'année 1845 s'ouvrit pour le comte, aujourd'hui prince Woronzoff, une nouvelle carrière. Le gouverneur de la Bessarabie et de la Nouvelle-Russie fut appelé au commandement supérieur de l'armée du Caucase et au gouvernement général des provinces russes dans ce pays reculé. Le nombre des troupes placées sous ses ordres fut porté à cent cinquante mille hommes.

L'empereur Nicolas avait hâte de tirer vengeance d'une défaite récente des Russes à Dargo, et il donna ordre au nouveau général d'investir avant tout cette place forte. Woronzoff désapprouvait cette expédition; mais il céda. Incapable de défendre le rocher de Dargo, que du reste il regardait comme une mauvaise position stratégique, Schamyl l'abandonna aux Russes. Mais quand l'armée ennemie opéra sa retraite, les Tchétchens la surprirent non loin de cette forêt d'Itschkeri, si fatale à Neidhart, et elle aurait été une seconde fois anéantie sans l'arrivée du général Freytag. Quatre mille Russes, dont trois généraux, — l'un d'eux eut la tête coupée par les montagnards, — restèrent sur la place. Des témoins oculaires ont raconté que les troupes pleurèrent de joie en voyant s'avancer la division de Freytag, que l'on n'attendait pas.

Après cette expédition, Woronzoff eut à Sébastopol une entrevue avec l'empereur. Les généraux qui l'avaient précédé au Caucase avaient souvent été entravés dans leurs résolutions par les ordres du ministre de la guerre à Saint-Pétersbourg et du conseil établi en cette ville pour diriger les affaires du Caucase. L'exemple du général Neidhart le prouvait. Placés à une si grande distance du théâtre de la guerre, les membres du conseil, le ministre et même l'empereur pouvaient-ils connaître aussi exactement que les généraux opérant sur les lieux, les besoins de la situation? Woronzoff sut présenter habilement ces différentes considérations. L'affaire de Dargo, dont il avait prévu l'issue fatale (car c'était une défaite plutôt qu'une victoire), lui donnait raison en quelque sorte. Il conclut en demandant une autorité illimitée sur les provinces confiées à sa direction, et, chose incroyable! l'empereur lui abandonna tous ses priviléges.

Depuis Potemkin, favori de Catherine II, aucun sujet de l'empire russe n'a été investi d'un pouvoir aussi formidable. Le pays qu'il gouverne touche vers l'Occident à la Bukowine, s'étend sur cette vaste mer qui communique par un détroit avec la Méditerranée et comprend tout l'isthme situé entre la mer Noire et la mer Caspienne. Woronzoff a droit de vie et de mort; il nomme et destitue à volonté les fonctionnaires jusqu'au sixième grade, distribue les récompenses à l'armée sans l'autorisation préalable de l'empereur, et peut traduire devant les tribunaux les employés militaires et civils de n'importe quel rang.

Mais on traita encore d'autres affaires dans la conférence de Sébastopol. Fallait-il continuer le système usité jusque-là pour la guerre du Caucase? En se tenant sur la défensive, on forçait, il est vrai, les Circassiens à se retirer dans leurs montagnes, mais on leur permettait de se rallier; d'un autre côté, en organisant des expéditions contre Schamyl, on s'exposait à des revers pareils à celui de Dargo. Ce qu'il fallait chercher avant tout, c'était à fatiguer, à diviser l'armée de Schamyl, et, pour atteindre ce but, on devait porter les troupes russes sur plusieurs points à la fois, on devait établir des colonnes mobiles, comme les Français en ont créé en Algérie pour résister au Schamyl africain. Tel était le plan de Woronzoff : il fut adopté par l'empereur.

Les colonnes mobiles commencèrent donc à sillonner le Caucase. C'est ici le lieu d'examiner si le système proposé par Woronzoff, système excellent pour les guerres d'Afrique, peut conduire, sur un autre théâtre, à des résultats aussi favorables. On nous accordera d'abord que les mouvements de troupes sont ici plus difficiles qu'en Afrique, d'autant plus que les Russes sont loin d'égaler les Français dans l'art militaire.

La plus haute cime de la chaîne de l'Atlas n'a que 7,000 pieds, la plus élevée dans le Caucase en mesure 17,000. En outre, les vallées caucasiennes présentent pour le passage des troupes beaucoup plus d'obstacles que celles de l'Algérie. D'un autre côté, le caractère des soldats est aussi différent que le sol sur lequel ils combattent. Autant le Français est vif et impétueux, autant le Russe est lourd et inerte ; le premier est admirablement propre à la guerre des montagnes, le second ne sait pas combattre isolément; quand il ne sent pas son voisin auprès de lui, il perd toute son énergie et surtout son sang-froid, cette précieuse qualité du soldat moscovite. Lorsqu'il agit au milieu de grandes masses, sous un commandement unique, c'est autre chose, il se laisse tuer sur place. Jamais, nous l'affirmons, le soldat russe ne fera un bon tirailleur, à moins que le czar ne modifie profondément l'organisation de son armée. On a dit que la Russie et la France devraient faire un échange ; celle-là prêterait une dizaine de ses régiments de Cosaques, qui, sur leurs chevaux rapides, pourchasseraient les Bédouins et les Kabyles ; tandis que les zouaves et les chasseurs d'Afrique, remarquables par leur agilité, iraient traquer de buisson en buisson et de rocher en rocher les Tcherkesses et les Tchétchens. A coup sûr, ce n'est pas en ce moment qu'un tel vœu pourrait se réaliser ; les intrépides chasseurs d'Afrique sont en route pour mettre à la raison, non pas les ennemis des Russes, mais les Russes eux-mêmes.

Nous revenons au prince Woronzoff. Il a aujourd'hui soixante-douze ans. Il est de taille moyenne, son front est petit, ses traits assez communs ; son visage est loin d'annoncer l'intelligence et la vivacité qu'on ne pourrait lui refuser sans injustice. Il a fixé sa résidence à Tiflis. Le palais qu'il habite, construit sur les ruines de la demeure des anciens rois de Géorgie, est entouré de beaux jardins, généreusement ouverts au public. Il a des goûts simples ; mais sa position l'oblige à déployer le faste des princes de l'Asie; c'est un moyen d'imposer aux indigènes. Le prince s'est efforcé de détruire les abus qui s'étaient glissés dans l'administration, et surtout de mettre un terme aux dilapidations des employés civils et militaires, chose très-commune en Russie ; il y a réussi, de même qu'à purger les environs de Tiflis des malfaiteurs qui les infestaient. Peu de temps après son arrivée dans cette capitale, il en fit pendre bon nombre.

Parmi les mesures du prince Woronzoff, il en est une qu'on doit énergiquement flétrir dans l'intérêt de la morale publique et de l'humanité. Il avait été interdit aux Tcherkesses d'exporter à l'avenir leurs filles à Constantinople ; le gouverneur général du Caucase a levé la défense, et autorisé de nouveau ce honteux trafic. Nous savons bien que les jeunes filles de la Géorgie, de la Mingrélie, etc., se laissent vendre volontiers comme esclaves, parce qu'avec leur esprit fin et astucieux elles ne tardent pas à s'emparer de la confiance de quelque riche musulman, et reviennent dans leur patrie, comblées de richesses. Mais toutes ne parviennent point à cet heureux résultat. Et, d'ailleurs, avant l'accomplissement de leurs rêves dorés, que de douleurs, que d'humiliations à subir !

Il faut les voir, ces malheureuses créatures, qui doivent faire plus tard l'ornement des harems de Constantinople, entassées pêle-mêle à bord des bateaux à vapeur partant de Trébisonde, vêtues de haillons, couvertes de pustules et de vermine, recevant pour toute nourriture de l'eau et de la bouillie de mil ! Elles débarquent dans un état pitoyable ; mais il y a dans la capitale de la Turquie des matrones qui se chargent de rendre la fraîcheur et la vie à ces roses desséchées. Un voyageur anglais, M. Mac-Farlane [1], prétend même avoir vu des bâtiments autrichiens

[1] *The Turkey and its destiny*, London, 1850, 2 vol. in-8°.

transporter cette marchandise humaine, qui se débite clandestinement à Constantinople, dans des souterrains qu'il indique, en dépit des ordres du sultan. Mais nous aimons à croire que M. Mac-Farlane se trompe; c'est assez d'une puissance chrétienne autorisant un négoce que les lois punissent sévèrement.

VII

Une légende du Caucase.

Ne pouvant venir à bout des montagnards avec le fer, les Russes ont recours à la corruption. Pour attirer dans leur parti des tribus dévouées à Schamyl, aucun sacrifice ne leur coûte, et l'or est semé à pleines mains. Ce métal est un puissant auxiliaire des armes russes, et l'habitant du Caucase ne sait pas toujours y résister. Nous avons vu tout à l'heure la mère de Schamyl céder à sa magique influence ; voici une légende célèbre parmi les peuplades du Caucase, dans laquelle un enfant se montre prêt à pendre, de sa petite main, son père adoptif, pour quelques pièces d'or. Mais ce n'est pas là le seul motif qui nous engage à publier ce conte.

Il a de l'originalité, du piquant, et peut servir comme échantillon de la littérature caucasienne.

LES TROIS PROVERBES,

LÉGENDE DU CAUCASE.

I

Ce qui autrefois faisait la gloire des princes de l'Abchasie n'est plus : il n'y a plus, comme autrefois, de ces cavaliers intrépides formant la suite du prince, de ces *nuker* ou serviteurs à cheval, hardis et fidèles. Jadis, par une nuit sombre, le voyageur pouvait s'endormir sans crainte au carrefour de la forêt sur une roche ou dans une gorge profonde, à deux pas de l'abîme. Pendant ce temps, le vent sifflait, s'amusant, le farceur! à détacher et à lancer dans l'abîme soit un pin, soit un bloc de pierre. Le chacal poussait des hurlements, et se glissait sur les flancs de la montagne. Le bandit aventureux, l'oreille au guet comme un lièvre, aussi clairvoyant que le hibou dans les ténèbres, rampait lentement, il allait égorger le voyageur sans défense... Tout à coup le poignard s'échappait de ses mains, et il roulait au fond du précipice. Malgré les dangers qui le menaçaient, le voyageur ne s'était pas réveillé. Qui donc avait protégé son paisible sommeil? Qui donc avait préservé son âme et son corps? Qui? La garde fidèle du prince, les vigilants et infatigables *nuker!* Aujourd'hui, le voyageur n'oserait plus s'endormir ainsi sous les voûtes sombres de la forêt; car on ne voit plus de pareils serviteurs; leur race a disparu!

Chatym, le serviteur aimé du célèbre Nussyr-Um, prince de Zébelda, district de l'Abchasie, était un de ces *nuker* dont nous venons de parler.

Dur comme une lame de sabre, ferme comme une carabine, Chatym accompagnait partout son maître : dans les expéditions guerrières, aux assemblées de la tribu dans les parties de chasse. Jamais le prince ne comptait ses chevaux ni ses troupeaux de brebis; il ignorait le prix de son collier d'or, le prix de ses armes et de ses poignards de Korasan. C'était le fidèle Chatym qui veillait à tous ces détails, Chatym, la main droite, l'œil droit du prince.

Mais l'envie, cette rouille du cœur de l'homme, trouve toujours une place dans l'œil d'un ami comme dans celui d'un ennemi. « Eh! disaient entre eux les autres *nuker* du prince, pourquoi donc Chatym est-il plus en faveur que nous? Est-ce que son sabre coupe les cailloux comme il coupe la chair de sanglier? Est-ce que sa carabine porte une mort certaine à chaque balle qu'il envoie? Satan a-t-il affilé lui-même le tranchant de son poignard? N'y a-t-il que Chatym pour offrir sa poitrine aux coups de l'ennemi? — Là! là! frères, repartit un jour Chatym, qui surprit les paroles envieuses de ses camarades; avant de tirer il faut bien observer le but, sans quoi toute la charge se perd. Vous parlez sans réfléchir. Vous calomniez, camarades! — Va! Chatym, jette-nous de la boue au visage! s'écrièrent les *nuker* avec ironie. — Vous ne pensez pas, continua Chatym, que plus on donne et plus on exige. Qu'un de vous autres commette une faute, le prince le chasse de son camp, et voilà tout. Mais moi, que je me rende coupable de quelque délit... et le jour même on dresse en l'air le timon d'un chariot, on en fait un gibet, et adieu le pauvre Chatym! Ainsi vont les choses! Plus on a joui de la faveur, moins on obtient grâce. Je suis un homme bâti comme vous, je marche dans les mêmes chaussures, je suis sujet aux mêmes erreurs. Il y a parmi nous trois proverbes célèbres : *Ne te fie pas aux amis. — Ne confie pas de secrets aux femmes. — Ne prends jamais d'enfant adoptif.* Aujourd'hui les camarades vous flattent et demain ils vous maltraitent. Voilà pour le premier point. Quand au second, chacun de vous en a fait l'expérience; et pour le troisième, rien de plus facile que de le prouver. J'ai moi-même adopté un enfant, le petit Asret, garçon qui n'est pas sans intelligence. Il a mangé mon pain, bu mon lait; eh bien! montrez-lui deux *abasas* (pièces de monnaie), et il vendra son père adoptif comme il ferait d'un vieux manteau de feutre usé jusqu'à la corde. — Bien parlé, Chatym, remarqua l'un des *nuker*. Seulement, cela ne peut s'appliquer à toi. — Hum! hum! frères... Le soleil de l'Abchasie ne se lèvera pas dix fois à l'horizon avant que vous ne reconnaissiez par mon exemple la justesse de ces trois proverbes; car, quoi que vous en disiez, je ne suis pas plus que vous en dehors des règles communes. »

Là-dessus on se dit adieu, et chacun rentra dans sa demeure.

Deux jours s'écoulèrent. Le prince partit pour la montagne, où l'attendaient de graves négociations, si graves qu'il ne put emmener avec lui, comme d'habitude, son fidèle serviteur, qui resta au logis, chargé de la garde du faucon favori du prince.

II

« Qu'as-tu donc ce matin, Chatym ? Quel air soucieux et sévère ! Pourquoi froncer tes noirs sourcils ? lui demanda sa jeune épouse en l'accablant de caresses. — J'en ignore moi-même la cause, Asan... Je ne suis pas comme à l'ordinaire. Je pense... — Tu penses, étoile de mon âme ! et tu ne veux pas me communiquer tes pensées ? — Asan, je me méfie ; car le cœur des femmes ressemble à une digue percée d'une brèche ; gardez-vous d'y déposer un secret : autant cacher une aiguille dans un sac. — Ai-je jamais divulgué un secret ? — Non !... peut-être parce que l'occasion t'en a manqué, âme de mon âme. — Ainsi, tu me crois capable d'aller rapporter ce qui m'est confié ? — Et pourquoi pas, Asan ? n'es-tu pas une femme ? »

Ainsi froissée dans son amour-propre, Asan fit une

petite moue avec ses lèvres de rose, puis alla se blottir à l'autre extrémité de la tente en essayant de répandre quelques larmes.

Le vieillard (nous avions oublié de dire que Chatym était vieux) sourit à ce spectacle. « Allons, ne te fâche pas, dit-il, le secret que tu brûles de savoir peut me coûter la vie. — Eh bien ! ta vie ne m'est-elle pas plus chère que la mienne? — Je n'en doute pas. — Mais si par hasard tu te trahissais... bonsoir Chatym ! — Non ! non ! s'écria la jeune femme en s'élançant vers son époux. Compte sur ma discrétion. Je conserverai le secret aussi soigneusement que je conserve ma beauté ! — En ce cas, on peut se fier au serment... Écoute donc ce que j'ai à te dire. »

A ces mots, Asan la curieuse frisonna de plaisir. Chatym parla en ces termes :

« Hier, un de ces sorciers qui parcourent les villages est venu au camp. Tu sais que ces gens-là sont au courant de tout. Impossible de leur rien cacher, ni les pièces d'or qui sont dans la poche, ni les pensées qui sont dans le cœur. Il se tourna vers moi, et me dit : « Tu es un brave garçon, Chatym. Tu as toujours eu « du bonheur. Il y a pourtant une chose que Dieu t'a « refusée : tu n'as pas d'enfants, et je sais que ta femme « et toi vous en désirez depuis longtemps. »

— « Bah ! Chatym. Comment cet homme connaît-il si bien ce que je pense ! demanda la charmante Asan. — Ne t'ai-je pas dit, âme de mon âme, que c'est un sorcier? — C'est vrai... et après? »

Chatym continua :

« Donc il me dit : « Tu es un brave garçon; aussi je « veux te rendre service, et t'indiquer un moyen infail- « lible pour avoir un fils. » — Un fils! s'écria Asan, qui, dans son enthousiasme naïf, se mit à battre des mains... Oh! que c'est beau cela, Chatym, mon amour! Et ce moyen, quel est-il? — Le voici : « Il faut, me dit « le sorcier, que tu te procures un faucon bien appri- « voisé, ensuite il faut le plumer, le rôtir... » — Et sans doute c'est moi qui dois le manger. — Précisément, tu l'as dit. »

A peine le *nuker* avait-il prononcé ces paroles, que la jeune femme, à qui une idée subite venait de traverser l'esprit, s'écria : « J'ai trouvé. Je sais comment il faut s'y prendre pour avoir un faucon. — Chut! plus bas, Asan, plus bas, si on t'entendait, malheureuse!... Tu dis que... — Si nous prenions celui du prince, Chatym, mon amour, tu sais, celui du prince... »

Chatym secoua tristement la tête.

« Ah! ma colombe, dit-il avec un profond soupir, c'est déjà fait. — Quoi! tu as le faucon! vraiment, l'as-tu? — Il est déjà... plumé et rôti, le faucon favori du prince! — Où est-il, où est-il? Vite, Chatym, donne-le moi, que je n'en fasse qu'une bouchée. — Il est là sur le banc, enveloppé dans un de tes voiles. Mais surtout pas un mot... Autrement je suis perdu! — Ne crains rien. Je ne dévoilerais pas un pareil secret pour tout l'or du monde. Merci, Chatym, mon tendre pigonneau, » cria-t-elle à son époux pendant que celui-ci franchissait le seuil de la tente.

Restée seule, Asan porta autour d'elle des regards

inquiets, comme si elle eût craint d'être épiée, comme si elle eût craint que l'oiseau rôti ne s'envolât par la fenêtre; puis elle se dirigea vers l'endroit indiqué avec mille précautions. Son visage brillait d'une rougeur pourprée, ses yeux lançaient des éclairs de joie et de bonheur; d'une main tremblante, elle déplia le voile, et souriant comme une espiègle, elle saisit le rôt appétissant.

Au même instant la portière de la tente se souleva, et sur le seuil apparut Jusefi, l'amie et la sœur de lait d'Asan. Rapide comme l'éclair, celle-ci replia le voile pour cacher son trésor; mais son agitation et son air distrait en répondant aux compliments d'usage de Jusefi ne pouvaient échapper aux regards rusés de la nouvelle venue.

« Qu'est-ce que tu tiens donc là dans ton voile, âme de mon âme?

— Moi!... rien... rien du tout... Assieds-toi, Jusefi, et raconte-moi les nouvelles qui se disent à la fontaine.

— Rien de nouveau, chère Asan. Mais c'est toi qui as du nouveau que tu t'efforces de me cacher. »

Et, tout en parlant, Jusefi ne quittait pas le voile des yeux.

« Il n'y a rien, absolument rien.

— Alors, montre-le moi.

— C'est impossible, tout à fait impossible, chère Jusefi. C'est un secret... terrible!

— Et tu crains de me le confier? C'est bien. Alors je

ne te dirai pas tous les cadeaux que mon époux m'a rapportés...

— Ne te fâche pas, chère Jusefi. Je ne puis te dévoiler ce secret. Si je le trahis, Chatym sera pendu... Juge par là de son importance!

— C'est bon, ne parle pas... Mais aussi, dorénavant, j'aurai soin de te cacher tout, de même que je cache mon visage sous le voile pour éviter les regards du giaour.

— Allons, je vais te dire deux mots, mais pas davantage... Il y a... dans ce voile un... faucon rôti; et le sorcier m'a appris qu'il fallait le manger si je voulais avoir un fils.

— Bien vrai? »

Asan fit avec sa jolie tête un signe affirmatif, accompagné d'un clignement d'yeux impossible à décrire.

« Asan, lumière de mes yeux! donne-m'en un tout petit morceau?

— Pour rien au monde. Impossible!

— Une cuisse, rien qu'une cuisse, cœur de mon cœur!

— Non, non, pas la moindre bouchée.

— Si tu me donnais seulement un aileron, Asan, ma chérie, je pourrais devenir mère. Dis, cœur de mon cœur, un morceau, rien qu'un tout petit, un rien. »

Et Jusefi se mit à caresser sa sœur de lait et à lui prodiguer les noms d'amitié les plus tendres. Elle était si humble dans sa prière, il y avait tant de larmes dans

9.

sa voix, que l'épouse de Chatym se laissa fléchir et consentit à donner à son amie l'aileron tant désiré.

« Ah ! que c'est bon ! quel goût délicieux !... »

Et les deux femmes se regardèrent malicieusement.

« Comme nos amies Marcha et Jusbeila vont nous porter envie !

— Oui, elles vont enrager !... Mais pas un mot de l'affaire, Jusefi ! pas une syllabe...

— Quoi ! tu pourrais supposer...

— Car, vois-tu, c'est le faucon favori du prince.

— Oh ! oh ! Asan !... C'est épouvantable !... Comment feras-tu pour...

— Bah ! Chatym dira qu'il s'est envolé, et il n'en sera plus question. »

Les deux femmes jacassèrent à qui mieux mieux, s'entretenant de leur félicité à venir. Le faucon y passa jusqu'au dernier morceau, après quoi on se sépara.

Mais, en dépit de ses promesses, Jusefi ne put tenir l'aventure cachée, et la première amie qu'elle rencontra, elle se hâta de lui conter son bonheur, naturellement sous le sceau du secret. Le soir du même jour toute la population connaissait l'histoire du faucon volé, plumé, rôti et mangé.

Cependant le prince est de retour. Il mande Chatym et s'informe de son oiseau. Le *nuker* se jette à ses pieds en lui apprenant que le faucon s'est envolé par delà les montagnes, où il est sans doute devenu la proie d'un aigle. « Que veux-tu ? répond le prince, relève-toi,

Chatym. Ce n'est pas un si grand malheur ; l'oiseau est parti, nous en retrouverons bien un autre. »

Mais pendant ce temps l'envie ne sommeillait pas. Les amis de Chatym, les autres *nuker*, vinrent trouver le prince et lui dévoilèrent la fraude dont Chatym s'était rendu coupable. Nussyr-Um interrogea Asan, celle-ci fit retomber la faute sur son époux. Le prince entra dans une violente colère. Il appela son serviteur : « Pendant vingt ans, lui dit-il, je me suis reposé sur toi comme sur ma conscience ; et toi, vil serpent, tu ne rougis pas de descendre à une supercherie aussi honteuse ! Qui me répond que tes services passés n'étaient pas fondés sur le mensonge et la ruse ? Qui me dit que tu n'as pas vendu en cachette un grand nombre de brebis dans les troupeaux que j'avais confiés à ta garde ? Prépare-toi à mourir demain au point du jour ; tu seras pendu pour servir d'exemple aux autres ! »

III.

La foule des *nuker* entoura Chatym, et lui fit cortége tandis qu'on menait l'infortuné en prison pour qu'il y attendît l'heure du supplice. « Ne pleure point, femme, disait Chatym, qui ne trahissait aucune émotion, tandis que la jeune Asan éclatait en sanglots. Ne déchire pas ton voile, n'arrache point tes blonds cheveux, je te pardonne. La volonté de Dieu soit faite ! Quant à vous, frères, continua-t-il en se tournant vers ses camarades, asseyez-vous ici, car j'ai à causer avec vous. »

Il dit et posa sur un banc deux grands sacs remplis de pièces d'or. « Toute ma richesse est enfermée là. Maintenant je n'en ai plus besoin ; je vais la partager entre ceux que j'aime. »

A ces mots la foule se pressa autour de Chatym en un cercle étroit, et tous dévorèrent avec des yeux avides le monceau d'or.

Le vieux *nuker*, jetant un regard ironique sur ses amis, commença lentement à répartir son or en plusieurs tas : « Celui de droite pour ma femme, dit-il ; celui de gauche pour mes compagnons, les *nuker* du prince ; l'autre devant moi pour mon fils adoptif Asret, et ce dernier, le plus gros de tous, pour celui qui me pendra. »

Les assistants se regardèrent tandis que le vieillard jouait négligemment avec quelques pièces d'or. L'éclat du métal les aveuglait, déjà ils chuchotaient entre eux. « Voyons, qui de vous !... — Arrête, père, s'écria le petit Asret se frayant un passage à travers la foule compacte des *nuker*. Nous qui sommes tes parents devons-nous permettre à un étranger, à un indifférent, de te pendre ? Va, laisse-moi, père, je me charge de cette besogne. — Voyez-vous la petite vipère ! s'écria Chatym. Je m'y attendais, du reste. »

Et, ramassant froidement les pièces d'or, il les fourra dans le sac. Puis, continuant :

« Eh bien ! frères, il me semble que je vous ai clairement prouvé la justesse des trois proverbes : *Ne te fie pas aux amis. — Ne confie pas de secrets aux femmes. — Ne prends jamais d'enfant adoptif.*

— C'est vrai ! répondirent les *nuker* d'une seule voix.

— Ah ! ah !... Vous n'avez plus maintenant sujet d'être jaloux de moi. Et je vais reprendre mon service auprès du prince.

— Comment ! et le faucon ? s'écria le chœur des assistants.

— Le faucon est en parfaite santé, caché en lieu sûr... Va trouver le prince, Asan, mon amour, cœur de mon cœur, et dis-lui la vérité. Car ce que tu as mangé, c'était tout simplement un coq de bruyère... »

TABLE DES CHAPITRES.

PARIS. — TYP. SIMON RAÇON ET Cᵉ, RUE D'ERFURTH, 1.

www.ingramcontent.com/pod-product-compliance
Lightning Source LLC
LaVergne TN
LVHW020344230826
846091LV00003B/981